中 国 现 实 经 济 热 点 问 题 系 列

产业创新制度对企业创新行为的影响研究

——以种业技术创新为例

The Influences of Industrial Innovation Institutions on Enterprises' Innovation Behaviors
—Empirical Study on Seed Industry Technology Innovation

张 哲/著

经济管理出版社
ECONOMY & MANAGEMENT PUBLISHING HOUSE

图书在版编目（CIP）数据

产业创新制度对企业创新行为的影响研究：以种业技术创新为例/张哲著. —北京：经济管理出版社，2017.1

ISBN 978-7-5096-4797-4

Ⅰ. ①产… Ⅱ. ①张… Ⅲ. ①种子—农业产业—技术—创新机制—研究—中国
Ⅳ. ①F326.1

中国版本图书馆 CIP 数据核字（2016）第 311703 号

组稿编辑：申桂萍
责任编辑：杨国强　张瑞军
责任印制：黄章平
责任校对：超　凡

出版发行：经济管理出版社
（北京市海淀区北蜂窝 8 号中雅大厦 A 座 11 层　100038）
网　　址：www. E-mp. com. cn
电　　话：（010）51915602
印　　刷：北京玺诚印务有限公司
经　　销：新华书店
开　　本：720mm×1000mm/16
印　　张：13.25
字　　数：175 千字
版　　次：2017 年 3 月第 1 版　2017 年 3 月第 1 次印刷
书　　号：ISBN 978-7-5096-4797-4
定　　价：58.00 元

前言
Preface

种子作为最重要的农业生产资料之一，对农业生产的重要性已经被广泛认可。自从2000年种业市场开放以来，我国种业规模发展迅速，对粮食增产的贡献率达到40%，但相比美国、英国，我国未来种子对农业生产的贡献还有较大的潜力。这主要是由于我国种业发展中面临着市场集中度低、创新能力差、育繁推脱节、“柠檬市场”等问题，限制了种业对农业生产的贡献力。

现代种业作为高新技术产业的一个分支，具有较强的技术依赖性，因此，技术创新在整个种业发展过程中的作用显得举足轻重。为发展种业，尤其是发展种业的技术创新力，我国在2011年开展了新一轮种业改革，并且重点对种业技术创新体系进行改革，培养种业企业的市场主体地位，建立起现代农作物种业体系。本书考虑种业高技术产业的基本特征，并且结合新一轮种业改革的特征，选择以技术创新表征种业发展，研究如何通过种业技术创新管理制度改革，实现以技术创新为支撑的种业发展。

本书用文献分析、历史分析和数量分析的方法，对中美种业发展的历史、种业发展中出现问题的制度成因进行了分析，并且着重分析了我国主要的两大种业技术创新管理制度——种业科研制度、种业知识产权制度对问题成因的解释。为了验证两大制度对我国建立以企业为主体的技术创新体系的影响，本书首先对表征种业科研制度效率的种业溢出强度和表征知识产权制度效率的知识产权保护强度进行测算，其次利用演化博弈的方法构建种业企业技术创新行为影响因素的模型，选择以种业上市公司的研发投入强度为因变量，以知识产权保护强度、技术溢出、企业的盈利能力分别代表科研制度效率、知识产权效率和产业集中度绩效，测算了知识产权保护、技术溢出、企业盈利能力与种业企业技术研发投入之间的关系。最后得出结论，当前的种业技术溢出强度、知识产权保护强度与种业企业的研发投入之间存在着正相关关系，通过提高技术溢出、知识产权保护强度，能够进一步鼓励种业企业加强研发投入强度，且企业当期研发投入强度与上期盈利能力有关。

结合美国种业发展历史提供的经验，本书建议在未来的种业改革中，具体改革方向如下：第一，科研制度改革应该以加强种业技术创新在公共部门和私人部门之间的溢出为主，建议以政府为主导，建立公益、市场相结合的科企合作平台；第二，知识产权保护制度应该加强知识产权执法，并可建立知识产权交易市场来增加知识产权创造者的创新激励；第三，通过推广企业“育繁推一体化”发展模式，提升企业盈利能力和改善产业集中度。

目　录
Contents

第一章 引　言

第一节　研究背景

国以农为本，农以种为先。正如李克强总理所说，“良种是农业科技重要载体，是根本性生产要素。”目前，种子对农业生产效率的贡献已经为世界所认可。根据国新办《中国应对气候变化的政策与行动（2011）》白皮书的数据，截至2011年，全国主要农作物的良种覆盖率达到95%以上，良种对粮食增产的贡献率达到40%。英国的研究也表明，20世纪20年代以后，种子品种改良对农业产出增长的贡献率超过50%（Paolo Palladino，1990）；Duvick（1992）对美国的研究表明，美国1930年以后农作物产量增长的两种贡献率同样超过50%，并且对于同一种农作物，种子改良带来的产量增长率每年为1%~3%。更有美国学者研究推测，如果考虑中长期农业生产的资源约束，种子和生物技术对农业生产效率的提升贡献率将达到75%~90%（苏建等，2014）。然而，由于我国种业发展起步较晚，产业集中度较低，技术创新缓慢，导致种业产业竞争力较弱。种业竞争力低下与种业市场规模的扩张之间的矛盾，反映了我国种业制度设计落后于种业市场化发展，从而彰显了种业制度改革的迫切需要。

第一，种业市场快速发展迫切需要种业改革。根据《2014 年中国种业发展报告》，我国种子市场价值从 1999 年的 330 亿美元增长到 2013 年的 1113 亿美元，我国种业市场成为除美国以外的世界第二大市场。但是，如此之快的市场规模扩张背后，品种研发却处于低效率状态，产品创新缓慢，无法满足市场需求的增长以及市场规模的扩张。尤其是公共科研部门研发效率的下降，为我国种业改革带来了压力。过去 20 年，以国内公共研发部门涉足最深的水稻研发为例，单产效率提升最慢（国审水稻 60%来自国家研发部门），“郑单 958” 虽 10 年来一直是玉米推广面积最大的品种，但这恰恰反映了我国公共科研部门的育种效率低下。因此，要想实现种业市场的可持续发展，我国需要突破当前育种研发低效率的约束，应对当前种业科研体制进行改革。只有突破科研创新低效率的瓶颈，才能有源源不断的种子产品满足日益增长的市场需求，也才能有助于实现种业市场发展与产品创新之间的协调发展。

第二，农业增长方式转变的要求迫切需要种业改革。近年来，国家一号文件连续提出以科技支撑促进农业增长方式转变。如 2012 年中央一号文件提出依靠科技创新驱动，引领支撑现代农业建设；2014 年一号文件对保障国家粮食安全提出了科技支撑的要求。而种业作为农业中的高新技术产业，更需要科技创新的发展。然而，由于种业科研体制的约束，加上企业科技创新实力较弱，我国种业技术水平发展缓慢，尚且无法实现以科技发展支撑农业增长方式的转变。这需要我国尽快进行种业制度改革，解决当前种业科研体制下公共科研效率低、企业科研低迷的情况，培养种业科技创新实力，为我国农业增长方式转变提供生产资料支撑。

迫于农业增长以及种业市场发展的需要，我国在 2011 年正式启动新一轮种业改革。新一轮种业改革的重点在于以种业技术研发体制改革，即以种业技术创新为抓手，加速种业科技水平的提升，带动种业的发展。因此，要想实现种业做大做强，未来种业改革需要从制度改革入手，打破制度对种业发展的约束，以技术创新水平的提升支撑种业的发展。因此，本书主要从种业制度改革入手，研究如何通过种业制度改革推动技术创新，从而支撑种业未来的发展。

第二节 研究目的、思路及意义

一、研究目的及思路

种业的发展依靠种子，而种子是高技术含量的产品，因此，现代种业属于生物技术产业的一部分，并且带有明显的高新技术产业特征。因而，研究种业的发展，技术创新的影响至关重要。加上新一轮种业改革的重点是实现科研体制改革，培养种业企业的市场主体地位。因此，本书重点将技术创新作为种业发展的重要影响变量，研究如何通过种业制度改革促进技术创新。总结而言，本书的研究目的是：如何通过种业制度改革，建立起以技术创新为支撑的种业发展新体系。

根据研究目的，本书主要对以下两个问题展开研究。

研究问题 1：种业技术创新管理制度如何影响种业发展。

本书着重探讨的种业技术管理创新制度包括种业科研制度、种业知识产权保护制度。本书通过对种业技术创新、制度变迁的历史进行研究，了解两大制度对种业发展的影响；并且通过研究种业知识产权保护制度、种业科研制度在种业发展中存在问题的解释，研究种业制度改革的方向。

研究问题 2：如何通过制度改革推动建立以企业为主体的技术创新

体系。

我国正在进行的新一轮种业改革明确将种业企业市场主体地位的培育放在重要位置，并明确指出截至 2020 年，要建立起“产业为主导、企业为主体、育繁推一体化”的农作物种业体系。因此，要建立以技术创新为支撑的种业发展体系，就是要实现以企业为主体的商业化育种研发创新体系。本书以种业企业技术创新行为的研究为出发点，应用演化博弈的方法，探讨中长期种业企业技术创新行为的影响因素，并实证研究种业科研体制改革中的技术溢出、知识产权保护制度中的知识产权保护对种业企业技术创新行为的影响。

二、研究意义

首先，本书重点从技术创新的角度探讨种业的发展，探讨种业科研制度、种业知识产权制度对种业技术创新的影响，对我国下一步如何开展种业科研体系改革提供了一定的借鉴。

其次，本书重点研究了种业企业的技术创新行为，并且探讨种业技术创新管理制度对种业企业技术创新行为的影响，为我国培养以企业为主体的现代种业体系提供了一定的借鉴。

三、研究内容

第一章为引言部分，主要对本研究的背景、研究问题、研究思路、研究方法等进行论述，并且概述本书可能的创新点和研究的局限。

第二章是理论基础，包括本书研究对象的概念界定，国内外研究综述以及应用的理论工具的简介。该章节对本书的研究思路进行了理论和逻辑解释。首先，该部分对本书的研究对象进行界定，包括对种子产业、种子产业的高新技术属性、种业改革、种业发展的具体界定。其次，该部分对国内外种业发展的研究成果进行了论述，归纳了国内外学者对种业发展的重点关注问题。最后，本章重点对创新与发展理论、知识产权理论、技术溢出理论进行了简要的归纳和论述。其中，创新与发展理论论述了技术创新与制度创新、创新与发展的关系，是本书研究种业制度改革与种业发展的重要理论支撑；技术溢出理论论述了技术溢出与制度创新的关系，为后文的技术溢出研究科研制度改革奠定了理论基础；知识产权理论则为后文的知识产权制度改革提供了理论支撑。

第三章是对我国种业的发展历史进行分阶段的研究。本章对种业发展的论述主要从三个角度展开，即不同历史阶段的种业制度、种业技术、种业市场的发展情况。该部分的最后对我国 2011 年新一轮种业改革的重点内容进行了论述，并对新一轮种业改革以后的种业发展情况进行了分析。

第四章是对我国种业发展的问题及制度成因进行研究。该部分主要研究种业技术创新、种业市场结构、种业企业发展中存在的问题。并且在问题的成因分析中，着重从科研制度的技术溢出约束、知识产权保护制度的知识产权保护强度约束两方面，分析我国种业发展问题的成因。

第五章和第六章是本书的实证部分。由于第四章探讨了科研发展的技术溢出约束、知识产权保护强度约束，因此，第五章通过运用沈坤荣等（2009）的企业间技术外溢强度测算模型，测算我国种业的整体技术外溢强度，以及公共研究机构与企业之间的外溢强度；通过构建种业知识产权保护强度的测算指标，测算了我国种业知识产权保护强度。第六章通过利用演化博弈理论模型，对种业技术创新行为长期均衡的博弈均衡支付进行测算，研究我国种业企业长期选择进行技术创新的影响因素，并进行计量分析。

第七章是对种业发达国家的经验借鉴。本章选择种业强国美国为分析对象，通过对美国种业的发展历史进行梳理，分析美国种业发展各个阶段的主要驱动因素，对我国未来如何进行种业制度改革提出经验借鉴。

第八章是结论和对策部分，对本书的主要结论进行总结，并且从科研体制改革、知识产权保护制度改革、企业育繁推一体化改革三个方面，论述如何开展以政府为主导的种业制度改革，实现以企业为主体、以技术创新为支撑的种业发展。

第三节　研究方法

第一，文献分析法。本书首先对国外学者就种业发展的研究文献进行了收集和阅读，了解国外学者研究种业发展的关键问题有哪些，并且依据国外学者的研究成果，选择了从技术创新的角度研究种业的发展，着重利用技术溢出理论、知识产权保护理论展开对种业制度的研究。此外，本书在对美国种业的发展研究方面，主要是通过文献分析的方法，对美国种业发展的历史进行梳理和借鉴；对我国的种业发展研究，也是通过文献阅读和分析入手进行归纳总结。通过对中美历史发展的对比，得出美国种业发展的正面经验，以及我国种业发展的不足。

第二，历史分析法。历史分析法是本书研究的主要方法之一。本书用大量的篇幅对我国种业发展历史和美国种业发展历史进行研究，旨在得出种业发展的规律，分析两国种业发展推动力的异同。这对我国种业发展问题分析以及对策的得出提供了充实的历史依据。

第三，定量分析法。本书用定量分析的方法检验种业技术创新管理制度对种业技术创新的影响。本书应用演化博弈的方法，建立了种业企业技术创新行为的演化博弈模型，分析在演化博弈过程中，种业企业最终选择进行独立技术创新的比例与种业制度、种业企业之间的影响关系。并且，选取种业技术溢出作为种业科研制度有效性的依据，用知识产权保护制度作为衡量种业知识产权制度有效性的依据，应用 Eviews 选择种业上市企业为研究样本，分析两大制度变量对种业上市企业技术创新投入的影响，得出未来种业制度改革的方向及对策。

第四节 可能的创新与不足

一、本研究可能的创新

（一）理论上可能的创新

第一，应用演化博弈模型，分析了我国种业企业技术创新的困境。本书考虑种业生物技术创新的特点，结合我国种业市场集中度低、公共科研部门垄断技术创新的特征，选择对种业企业的技术创新行为进行了分析，填补了目前大多数种业改革相关的研究缺乏理论模型的空白。

第二，应用计量方法，分析了当前种业科研制度、种业知识产权保护制度对种业企业技术创新投入的影响。尽管目前关于种业改革发展、技术创新发展的研究较多，但很少有人选择对种业企业进行实证分析，更少有人对种业企业的创新行为进行分析。本书模拟种业企业技术创新行为，对种业企业技术创新行为中的制度影响因素进行理论分析和实证分析，充实了种业研究中对种业企业行为研究和实证研究的内容。

（二）政策建议上可能的创新

第一，本书对种业科研体制改革的对策建议中，提出了通过增加种业技术创新信息知识的市场化供给，以促进种业技术在公共部门和私人部门之间的溢出和流动，包括政府联合行业协会建立公共科研单位与企业之间进行育种研发资源交易和交流的信息共享平台，以及政府牵头建立知识产权交易市场等。该种信息共享机制包括两个层面：一是公共科研机构就基础研究知识的免费分享；二是公共科研机构与私人机构之间就商业化研究项目的有偿交易平台。尽管我国曾明确提出由政府牵头搭建科企合作平台，但到目前为止，科企合作平台往往规模小，可供交流的区域有限，无法实现种业创新知识和资源的开放式分享。构建全国性的种业技术创新信息知识共享平台能够解决此种缺陷。

第二，本书详细论述了通过知识产权交易市场的建立，以提高种业知识产权保护强度，增加种业创新回报社会的方式。尽管目前国家已经明确规划了要建设种业知识产权交易市场，但截止到目前，进展还很慢。本书着重从知识产权交易市场建立的关键问题出发，较为系统地提出通过建立种业知识产权价值评估体系，以完善种业知识产权确权标准，从而建立起种业知识产权交易服务机构和知识产权交易市场的设想。

第三，本书在对策建议部分，提出了应用电子商务方式整合种业中下游链条的想法。目前农业电子商务正在如火如荼地进行，而在农业生产资料行业的应用还很有限。本书通过分析个例的方法，研究了电子商务在种业推广的范例，这能够为企业进行上游整合节约出更多的可用资源。

二、本研究的不足

限于种业技术创新相关数据资料的可获得性，以及笔者研究能力的欠缺，本书的研究还存在很多不足，有望在未来的深入研究中继续探索。

第一，对我国种业的技术溢出渠道的研究，笔者几乎没有进行实证调研，且目前只有很少的资料去评价种业的技术溢出状况，笔者只是在佟屏亚、张世煌等几位种业研究学者的学术著作中了解到当前种业技术溢出约束影响了种业技术扩散，进而影响了种业技术创新的发展，未来可以对种业技术溢出与当前我国种业技术创新水平之间的关系进行更进一步的探讨。

第二，本书的实证研究中，对种业企业的技术创新投入与种业企业的盈利能力、我国知识产权保护、技术溢出等因素之间的相关性进行了分析，但未能关注种业市场集中度、消费者对创新产品的需求偏好等因素对种业企业技术创新投入的影响，这主要是因为数据的不可得性。加上本书在选择企业样本时，只选择了数据披露较多的种业上市企业进行研究，也是因为数据的不可得性。这些数据的不可得性有望通过实地的种业企业调研加以解决，未来可通过实地调研和数据收集，继续对本书的理论结论进行实证分析，有望对种业企业技术创新行为的影响因素研究得出更进一步的认识。

第二章
理论综述

第一节　相关概念界定

一、种业

（一）种业的定义

种子是农业生产资料中的一种，是典型的具有较高农业科技含量的生产资料品种。尤其在 20 世纪初，孟德尔发现了植物杂交和遗传规律后，技术创新推动了种子的商业化，从而形成了种子产业，也被简称为种业。因此，从广义上讲，种子产业是以商业化种子为核心而形成的物质性生产产业，而且种子产业是专门为农业生产提供基本生产资料的特殊产业。从狭义上讲，种子产业包含了科研育种、种子繁育、种子加工和处理、种子推广和营销四个环节，具体如图 2-1 所示。根据种子产业链的四个阶段，可进一步分为种质资源搜集、新品种选育、品种试验、品种审定、原种繁殖、种子繁殖、精选加工、种子包衣、质量检验、包装标识、贮藏运输、推广营销、售后服务等（见图 2–2）。根据种子产业链结构图和种子商品化过程图可以看出，知识产权的保护贯穿每一个阶段。

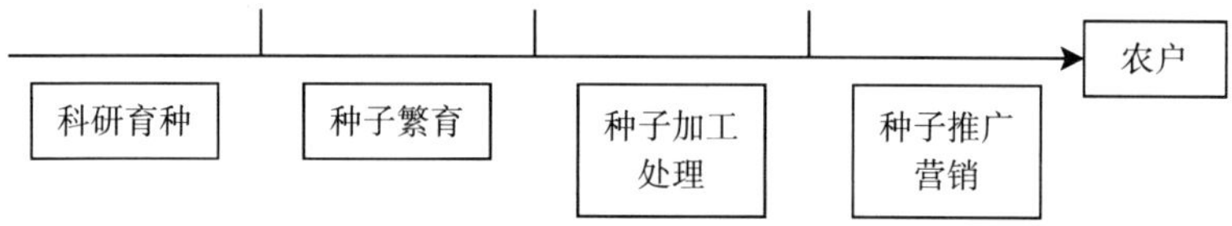

图 2–1　种子产业结构链

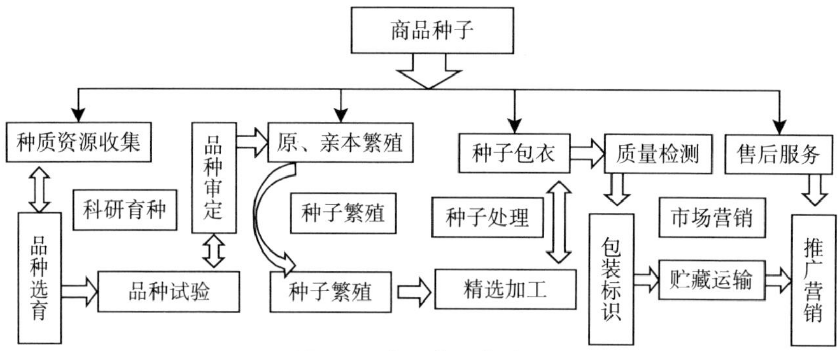

图 2–2　种子商品化过程

资料来源：该图引自于张劲柏等（2014）的种子商品化过程图。

（二）高新技术产业与种业

高新技术产业是指以高新技术为产业发展基础，从事高新技术即产品研发、生产、服务的企业的集合。高新技术产业的主要特征是知识密集、技术密集。因此，高新技术产业的产品服务开发和生产都需要依赖较高的技术。据此，高新技术产业目前主要包括信息技术、生物技术、新材料技术。其实，对高新技术产业的界定，目前还没有明确的衡量标准。通常，高新技术产业的界定是按照技术密集程度、复杂程度进行界定的。2002 年 7 月，国家统计局发布的《高技术产业统计分类目录的通知》中，将中国高技术产业范围限定为航天航空器制造业、电子及通信设备制造业、电子计算机及办公设备制造业、医药制造业和医疗设备及仪器仪表制造业等，并不包含种子产业。这主要是由于当时的中国种子市场还处于发展阶段。经过 15 年的发展，中国种子产业已经具备了高技术产业的特征，并且自2004年《高新技术统计年鉴》，已经将种子产业纳入生物技术产业的领域，成为我国高新技术产业的一部分。

二、种业改革

改革是指对旧的生产关系、上层建筑进行局部或根本性的调整，是在现有政治体制内进行的对制度的局部或根本性调整。产业改革，是针对某一产业进行的产业制度改革，因此，产业改革的过程也是一个制度变迁的过程，同时伴随着利益格局的改变，以及不同利益群体利益的再分配和调整。产业改革通过革除旧制度，建立新制度，从而增加了公共产品的供给，有助于提高产业运转效率。据此，种业改革是指在现有体制下，对种业制度的创新和调整，目的是通过新制度的建立，改变种业原有的利益格局，使资源、利益的配置更加优化。

三、种业发展

（一）产业发展

产业发展是指产业的产生、发展和进化过程，产业发展不但包括某一产业中企业数量、产品质量等量的变化，还包括产业结构的调整等质的变化，且产业的发展主要以结构变化为根本，目的是实现产业结构的优化。因此，产业发展不但包括量的增长，也包括质的优化。对于某一个产业而言，产业质量优化也是产业组织结构的优化。

（二）产业组织结构优化

产业组织结构是指在同一产业内，企业的集中或分散程度（企业规模结构），以及不同规模企业之间的分工协作关系（中国电子信息产业发展研究院，2012）。产业组织结构的优化关键是促进产业内不同规模企业之间的协调发展，要想实现产业的规模经济，核心是提高产业集中度，通过培养大企业，发挥产业的规模经济效应。而产业规模经济效应的发挥，目前最重要的途径是推动企业兼并重组，提高企业规模，从而提高产业集中度。

（三）种业发展

根据产业发展和产业组织结构的优化定义，种业发展研究的是种业规模的扩大，以及种业组织结构的优化，重点是推进种业集中度的提高，以及种业大中小企业之间的协调发展。由于种业具有高新技术产业的属性，研究种业发展时，本书着重于从技术创新的视角研究种业的发展。

第二节　理论基础

一、创新与经济发展理论

（一）创新

创新经济学之父熊彼特在提出创新概念的时候，将创新定义为：在假定制度框架下，创新主要是指生产过程的创新，包括技术创新和组织创新。他将创新看作是建立“新的生产函数”，进行“生产要素的新组合”。而所谓的“经济发展”，是指社会不断实现生产函数的更新和生产要素的新组合，通过实现新生产函数和新生产要素组合的过程，可获得更多的潜在利润，从而最终实现经济发展的结果。这里所说的创新，主要是技术创新。

制度学派的学者诺思将创新上升到制度的高度，将制度创新看作创新中最重要的方面。制度学派认为，制度创新是指创新主体为了获得更高利益，对现行制度进行变革的过程，包括制度的改革和更替。因此，制度创新是旧制度被新制度替代、转换的过程，即制度变迁。诺思认为，制度创新的动力是行为主体追求利益最大化的结果，制度变迁能否发生，取决于制度变迁的成本收益。当制度变迁的成本低于收益时，制度变迁发生。但是，由于制度具有公共物品性质，并且存在着搭便车的问题，因此，对于制度创新而言，其主体无法像技术创新者那样，可以获得专利保护提供的经济补偿。政府成为制度创新的重要主体，通过政府对制度的改革、矫正，改变制度供给的不合理，实现制度激励与集体行为的相容。

（二）创新与经济发展

熊彼特 1912 年在其著作《经济发展理论》中提出了对创新的界定，同时，也对经济发展和创新的关系进行了阐述。他认为，经济发展通过打破原有的经济均衡，实现循序渐进的跳跃式突变，这些突变包括经济结构的演变、经济总量增长，也包括制度的进步。而推动经济增长实现的主要推动力是创新。熊彼特最早对创新的界定，主要指生产技术的创新，不断实现生产要素的新组合，而经济的发展，则是不断实现这种新组合的过程。

最初的经济增长理论，将技术、制度等看作外生变量。随着经济增长理论的发展，已经将经济增长的内生推动力发展为要素投入（包括劳动、资本、土地等生产要素组合）、技术、制度。但是，对于技术创新、制度创新二者谁是经济增长的主要推动力，不同学派之间存在着争论。

技术创新决定论者认为，技术创新是经济增长的动态因素，而制度只是经济增长的静态因素。当技术动态发生变化时，会导致制度的变迁和更替，从而带动经济体的发展。舒尔茨也认为，制度创新滞后于经济总量增长和生产率提高（1987）。新古典经济增长理论学者索洛认为，技术进步是经济增长的原因。斯诺认为，专利制度的建立，能够鼓励技术创新，提高创新的私人收益，使私人创新收益率接近社会收益率，为私人创新提供激励。

制度创新决定论者认为，经济增长的关键因素是制度创新，而非技术创新。戴维斯和诺思在其著作《制度变革和美国经济增长》中提出，经济增长不但包括技术创新，更应该包括制度创新，诺思在《西方世界的兴起》中指出，有效率的经济组织是经济增长的关键。诺思（1991）认为，历史上的经济变革是由制度变革决定的，而非技术变革；制度变革为技术变革、经济变革提供了条件，并且将制度进步看作技术进步的推动因素。现代经济增长不仅要引入现代生产要素，而且要优化配置现代生产要素，如图 2-3 所示。

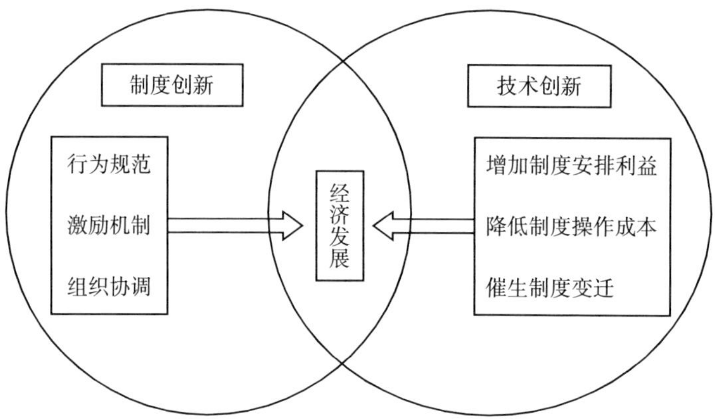

图 2-3　经济发展与创新的关系

（三）制度创新与技术创新的关系

当经济体的制度较为完善时，技术创新在经济增长中占据主导作用。而当经济体的制度建设还存在很多不足时，如果约束了技术创新，则制度变迁在经济的发展中占据主导作用。

1. 制度创新对技术创新的影响作用

完善的制度安排有助于推进技术创新。技术创新的实现，是对生产函数中要素组合方式的变革，需要大量的知识积累、资本投资和较高的风险承受力。因此，技术创新具有一定的公共物品属性，市场主体承担技术创新成本的能力较弱，必须有一系列良好的制度安排，才能够激励市场主体进行技术创新。良好的制度安排能够激励市场的技术创新，从而促进经济发展；欠缺的制度安排会制约技术创新，从而拖累经济发展。因此，良好的制度安排是技术创新的重要前提。

制度创新对技术创新的促进作用，主要体现在制度创新对技术创新主体提供的激励，而制度产生的激励如果能够与理性人个体理性行为产生的集体理性相一致，即激励相容，则制度创新能够极大地促进技术创新。

2. 技术创新对制度创新的作用

技术创新能够促进制度创新。一是技术创新能够增加制度安排的收益。因为技术创新能够帮助企业实现规模报酬递增，而企业规模报酬递增引发规模扩张，从而有助于企业建立起新的制度。二是技术创新能够降低制度的成本，例如互联网、计算机信息通信技术的发展，可以使制度的执行成本大大降低，并提高制度的运行效率。三是技术创新能够推动制度变迁，因为技术水平提高能够引起收入变动，从而引发社会阶级、群体的变动，随之变动的还有劳动工具、劳动关系等，进而推动制度的变迁。

二、知识产权理论

（一）知识产权

知识产权保护是对无形资产（知识、技术）的创造者提供保护，目的是防止其他非权利人在未经许可的情况下使用其智力成果，造成知识产权权利人的损失。诺思（1971）将知识产权看作经济增长的内生变量，认为知识产权能够确保知识和技术获得应有的市场回报，从而激励创造者的积极性，而知识和技术是经济增长的内生因素，因此，知识产权制度也是经济增长的内生变量。David 和 Willian（1996）的实证结果验证了知识产权保护对经济增长存在着较大影响。

（二）知识产权与技术创新

最早对知识产权的研究，大多是关注知识产权保护对技术创新水平的影响（Siebeck et al.，1990）。在封闭的经济体中，建立起知识产权制度能够解决创新的市场失灵问题，因此，早期对知识产权的研究主要围绕着知识产权的最优保护水平测算，指标多为专利的最优保护期限、保护宽度、保护高度等（文豪等，2014）。20 世纪 80 年代以来，随着知识和技术在国际资本扩张中的流动、扩散作用越来越显著，加上《贸易有关的知识产权协议》（以下简称 Trips）等组织的推动，发展中国家对知识产权越来越重视，学者们越来越关注知识产权保护与技术创新、技术溢出和扩散、技术转移之间的关系（Helpman，1993；Branstetter，2011）。

对知识产权与技术创新溢出、技术创新扩散的研究，多是在南北模型中展开的，即分析发达国家与发展中国家两个知识产权保护强度不同、经济发展水平不同的经济体中，由于知识产权保护强度不同所造成的技术创新溢出和扩散的差异。Helpman（1993）的南北贸易动态一般均衡模型认为，过于严格的知识产权保护水平会阻碍南方国家的产业发展，并且认为南方国家实施严格的知识产权保护，其结果是南方国家牺牲其发展的利益，并没有带来北方国家创新效率的提升。庄子银（2009）关注了市场结构差异下严格的知识产权保护带来的技术创新影响，并且认为在严格的知识产权保护下，南方国家对水平产品的创新模仿率随着知识产权保护强度的提高而提高，垂直产品创新模仿率随着知识产权保护强度的提高而不断下降。此外，还有很多学者研究知识产权保护与产业结构之间的关系。文豪等（2014）通过对我国 2006~2011 年的 27 个行业面板数据的分析，认为随着市场集中度的不断提高，加强知识产权保护不利于获取技术外溢。并且对于技术差距小的行业，国际技术引进能够带来技术创新水平的发展；但对于技术差距大的行业，如医药制造行业等，FDI 带来的国际技术溢出作用不明显，而自主创新是技术溢出的主要渠道。

由此可见，知识产权保护水平直接关系到行业技术溢出的获取途径，从而影响整个行业的技术创新发展水平。鉴于行业技术差异的不同，对知识产权保护水平的要求也不同，本书选择通过对知识产权保护与技术溢出水平两个因素的研究，分析其与我国种业企业技术创新行为的关系。

（三）种业知识产权

在 20 世纪工业经济不断发展的时期，技术创新对经济发展的推动作用越来越大，为了保护技术创新人员的技术创新成果，发达国家开始实施知识产权保护，对这些技术创新成果进行法律保护，并由此形成了知识产权的概念，即人们基于人类治理活动创造的成果和经营管理活动的标记、信誉而依法享有的权利（张劲柏等，2014）。目前，我国普遍适用的知识产权划分方法参考 Trips 中的有关规定，知识产权包括版权及邻接权、商标权、地理标志权、工业品外观设计权、专利权、集成电路设计权、未披露信息的保护权（商业秘密等）。因此，参照知识产权的相关内容，我国种业知识产权包括植物新品种权、专利权、地理标志、商标权、商业秘密、著作权等，并且在种业供应链的每个环节都包含着相应的内容。育种阶段，主要包含商业秘密、著作权、专利权等方面的保护；植物新品种权申请阶段，包括新品种权申请权的保护、新品种权保护；生产推广和经营阶段，则涉及种子品种名权、包装、商标、商业秘密等多方面的保护。

种业知识产权除了具备一般知识产权的特性外，还拥有如下特征：知识产权所有人的复杂性、产权价值标准的不确定性、产权交易的风险性、侵权界限的模糊性等。这主要是由于种业知识产权包含层次较多，且要通过农业生产、考虑自然因素才能够体现其价值，因此种业知识产权的价值标准不容易确定，从而产生了知识产权交易风险、侵权界限的难以界定等问题。

三、技术溢出理论

（一）技术溢出

根据前文，技术创新是指新产品、新技术或新设计、新过程等在商业上的成功应用，而技术扩散（Technology Diffusion）是用来描述技术在不改变其技术核心内容的情况下进行的时空转移（刘强，2012）。技术扩散的对象不只是技术本身，还包括商业化应用技术的其他经济信息，例如技术生产应用、管理、市场情况等，如图 2-4 所示。技术溢出效应（Technology Spillover Effect）是对技术扩散的外部性的描述。技术溢出的本质是一种外部性，是技术创新者通过技术创新带来的向社会的溢出，却无法从这种外部性中获得回报（袁健红等，2013）。由于技术的本质是知识，因此，技术溢出的本质是知识的溢出。根据技术溢出的输出方看，技术溢出可分为自愿溢出和非自愿溢出两类。自愿溢出一般有两种情况，一种是技术创新主体为了获得技术创新产品的收益，自愿将技术信息向外溢出；另一种是技术创新主体通过有偿的知识转让，获得技术创新的收益。非自愿溢出也有两个层面：一是由于技术创新部门的知识保护意识薄弱、管理不合理、人才流失导致的新知识被其他部门获得；二是由于知识产权保护的低效率，使得原始创新较轻易地被模仿，从而产生技

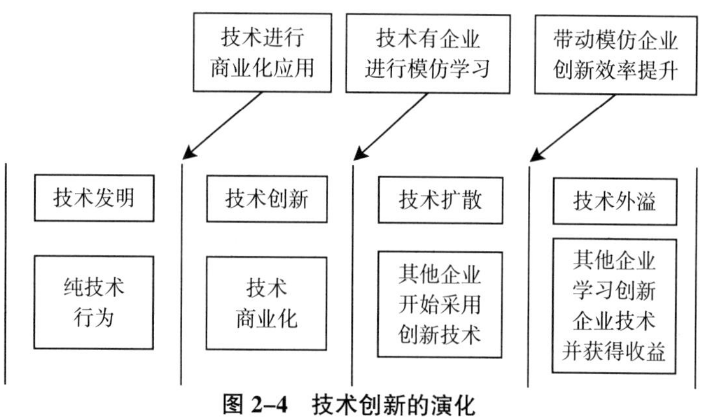

图 2-4 技术创新的演化

术溢出。

Caves（1997）认为，技术扩散过程中，跨国公司带来的技术会产生示范效应，从而刺激当地公司的模仿并推动当地技术效率的提升，加快技术转移和扩散，这便是技术扩散过程中的溢出效应。Kokko（1992）将技术溢出来源归结于两个方面：示范效应、模仿和传播；市场竞争。沈坤荣等（2009）认为，不仅 FDI 或跨国公司的进入能够引领当地市场的技术溢出，任何市场上不同行业、不同区域的企业之间，只要存在自主技术创新，就都可能存在技术溢出效应。根据 Benstein 和 Nadiri（1988），技术溢出可通过如下公式进行验证：R&D 社会边际收益率 > R&D 企业边际收益率 > 资本利率（Bernstein et al.，1988）。

（二）技术溢出与制度创新

新制度经济学假定市场主体在信息不对称的前提下，会利用他人的有限理性，获得自身利益的最大化，也就是所谓的机会主义倾向。根据技术创新与制度创新之间的关系，制度创新的存在是为了更好地保护技术创新。而技术创新之所以需要制度创新的保护，其原因是技术溢出的存在。从理论上讲，知识保护强度越大，技术吸收方获取技术创新方利益的难度越大，技术溢出强度越低，反之则反是。因此，对于一个社会来说，知识产权保护强度越大，技术溢出越低。对于企业而言，知识保护制度越完善，技术溢出越低，创新的收益越能够被保留。但是，如果对创新技术的保护过于严格，则无法实现技术溢出，反而不利于行业或国家的技术创新。因此，技术溢出对应着知识产权最优保护强度，从而对应着相应的制度创新。

（三）种业技术溢出与科研制度

种子作为高技术含量的产品，技术溢出水平与种业制度安排的关系较为紧密。当种子技术创新的主体为公共科研机构和企业时，种业的技术创新就会发生在企业与企业之间、企业与科研机构之间，以及科研机构与科研机构之间。因此，对于种业技术的溢出，其主要途径有两方面：一是自愿溢出，包括公共科研机构对其基础技术创新成果进行公开，以及种业技术创新成果的转让等；二是非自愿溢出，包括因为知识产权保护制度不完善导致的科研成果低成本模仿。

当技术溢出水平较低时，以公共科研机构为创新主体的制度安排不能实现技术从公共科研机构向私人部门的溢出，因而无法带动私人部门技术创新能力的提升。当技术溢出水平较高时，私人企业的技术创新无法得到应有的保护，也不利于种业企业技术创新水平的提升。因此，种业技术溢出应该具有一个最优水平，既能够促进公共科研部门向私人部门进行技术溢出，降低企业获取知识的成本，提高技术创新能力，又能够确保私人创新部门得到应有的创新回报，保障其技术创新激励。

第三节　国内外文献综述

一、国外文献综述

（一）种业技术创新主体的研究

在国外学者对种业技术创新的研究中，较为关注的一个问题是种业技术创新主体的确定。对于欧美国家的种业发展历史，技术创新的主体经过了公共科研机构向企业的转变，并且到目前为止，已经形成了种业企业为技术创新主体、公共科研机构为基础科研主体的格局。但是对于印度、巴西等发展中国家，还处在公私合作承担技术创新的阶段。因此，就种业技术创新的主体由谁来承担这个问题，学者的观点各异。

有些学者认为，技术创新的主体应该是公共科研机构。Paolo Palladino

（1996）通过对英国育种技术创新的研究，检验了育种科研、技术创新、英国农业生产发展之间的关系。他认为，不同于其他产业，农业部门生产资料的技术创新，并不适合商业化。因为英国的种业发展主要驱动因素是公共部门而非私人部门。而且英国以四大公共科研机构为技术创新主体的格局，不但打破了“公共科研推动技术创新成本很高”的传统思维模式（四大种子公共科研机构的政府运行成本占政府投资的1%~2%），而且还实现了较高的技术产出水平，培养出很多高产种子，带动了英国农业生产产量的大幅提升。

对于大多数学者而言，他们认为种业技术创新的主体应该是私人企业。这主要是因为很多学者认可农业是资本较难积累的产业，种子、农药、农业设备等农业投入的市场化发展能够实现资本的积累，并最终促进产业的发展（Kautsky，1988；Mann and Dickinson，1978；Goodman and Sorj，1987）。Debra（1999）的研究结果表明，美国种业技术创新主体由公共科研部门转移到私人部门，不但实现了私人研发投入和公共研发投入共同增长，更重要的是实现了农业生产率的增长。而生产率的提高是影响产业竞争度和盈利率的重要因素（Huffman and Evenson，1992；Jorgenson and Gollop，1992），因此，私人部门展开的研发竞争大幅增加了种子市场新品种的数量，也促进了种业市场规模的快速提高（Fuglie，2000）。一些正在进行种业改革的发展中国家，私人企业为技术创新主体的论断也得到了很多学者的支持。例如，印度的学者通过对比印度种业1980年和1995年实施的两次改革，认为在允许私人进行农业科研创新活动后，以及允许外资企业参与本国企业私人科研技术创新活动后，不仅大大激发了本国种业的研发投入，而且大大提高了市场集中度和市场规模（Carl et al.，2001；Vandana and Tom，1998；Carl and Bharat，2001；R.P.Singh et al.，1995）。根据Prayet等（2001）的测算表明，印度2000年R&D投入相比1995年之前增加了44%，CR5大幅提高。

尽管以企业为主体实施种业技术创新的确实现了很多国家种业的发展，但一些发展中国家的学者并不完全认同。尽管他们认同种业技术创新的主体最终应该由企业承担，但鉴于发展中国家种业发展的特殊性，技术创新的主体应该是由公私合作承担。Pray（2001）通过对2000年前后巴西、中国、印度等发展中国家的种业技术创新进行研究，认为在种业技术创新主体从公共科研机构向企业转变的过程中，科企合作模式能够提高技术溢出水平，从而实现技术转移。但是，科企合作模式也需具备一定的适用条件：一是公共部门和私人部门中至少一方具有较强的研发能力，二是市场知识产权保护制度完善，能够支撑技术的溢出（Pray，2001）。

（二）种业制度创新研究

1. 种业知识产权制度研究

第一，关于种业知识产权保护最优强度的讨论。种业知识产权有助于保护创新者的利益，激发创新者的创新积极性，因此，以怎样的知识产权保护强度进行种业保护，是学者研究的重点问题之一。一些学者主张高知识产权保护水平能够提高种业技术创新。例如，Debra（1999）认为，高知识产权保护是美国种业发展的重要制度保障，它促进了美国种业私人部门研发投资的迅猛上涨、植物新品种数量的火速增加以及种业市场规模的迅速扩大。Deepthi等（2010）也认为种业的强知识产权保护能够提升印度的农业生产率。

但是，过于严格的市场知识产权保护水平，对种业的发展也会产生不利的影响，例如，Alston（2002）通过对美国小麦技术研发进行研究，发现美国在1970年实施《新品种保护法案》（PVPA）后，虽然研发投资增加，但小麦的产品并没有增加，对种业企业的激励作用反而不如对科研机构的激励作用明显。因此，越来越多的学者主张知识产权保护强度并不是越强越好，而是存在着最优水平。从产业发展的角度，有些学者认为种业知识产权保护过强，会导致市场集中度的大幅提高（Debra，1999；Ozertan et al.，2001；Moschini and Lapan，1997），反而会形成垄断。例如，在过强的知识产权保护下，美国的种业市场开始集中在几个大企业手中，包括孟山都、杜邦、先锋、先正达等，价格也不断升高（Jorge and David，2000；William，2010）。过高的垄断会造成 R&D 以及创新活动的减少，不利于农业生产率的持续提高（Philip，2009；David et al.，2004）。

第二，最优知识产权保护强度的研究方法。随着种业垄断、价格上涨的问题越来越突出，对种业最优知识产权强度的研究越来越多。根据学者们的研究成果，针对种业最优知识产权保护强度的研究，主要研究方法是福利经济学研究方法。例如，Sergio 等（2005）利用福利经济学方法，对美国市场数据进行实证分析，认为适当水平的知识产权保护政策会最大化生产者、消费者、种业 R&D 企业的整体福利，其中大部分的福利所得被种业 R&D 市场获得，即便粮食的价格需求弹性小于 1，农民的福利遭受了净损失，但由于消费者的福利增加高于农民的福利损失，总福利水平是提升的。Lence 等（2002）利用福利经济学的方法研究了种业知识产权保护的最优强度，认为在种业研发市场、种子生产市场、种子消费市场之间的均衡条件下，知识产权的保护强度最优，并认为美国种业市场的知识产权保护强度过高，损害了消费者和生产者的福利。

2. 种业发展的政府管制研究

由于“最优知识产权强度”假说的盛行，加上发达国家种业垄断现象的出现，在种业制度创新的研究方面，开始有学者关注种业发展与政府管制。

第一，对欧美等发达国家种业市场的政府管制研究，学者主要关注种子价格的上涨与垄断的关系，并提出市场管制的方式。一种观点认为，种子价格的上涨与市场垄断有关，认为种子价格上涨部分归咎于市场垄断，并且认为政府应该通过适当的政府管制破除市场垄断。例如，Krull

等（1998）关注美国连年上涨的种子价格，认为种子价格的上涨是由于R&D成本的转嫁，也就是说，私人部门的生物技术R&D投入，造成了种子价格的上涨，而政府可以通过制度设计来影响R&D成本对种子价格上涨的转嫁。Samuel（2008）则区分不同的种子品种，认为玉米、大豆等科研成本主要由企业承担的种子产品，R&D投入多由农民承担，从而造成了Sergio等（2005）所说的农民在种业科技发展和产业集中过程中福利净损失。为了避免垄断引发的价格上涨，一些学者提出政府应该通过知识产权的授权、转让等政策打破大企业的知识产权垄断，提高中小企业的知识产权收益（GianCarlo，2010；Marvin and Nicholas，1999）。另一种观点则认为，虽然R&D投入导致种子价格上涨进而导致了农民福利的损失，但是抗虫、抗草种子的出现，同时也节约了农业生产成本，不应该实施政府管制GianCarlo（2010）。David等（2004）对美国政府正在推行的鼓励大型种业企业对中小企业进行专利授权的管制政策表示不认同，他认为企业之间的互相授权会加大技术垄断，反而帮助了大型企业进一步扩张市场占有率，从而形成更高的垄断价格和福利损失。

第二，发展中国家的管制政策。由于发展中国家种业发展处于初期，适当的政府管制有利于种业的发展，但随着种业市场规模的扩大、国际化竞争压力的增加，应当适当地放开政府管制。一是应该放开政府对私人部门的管制。根据学者对印度、巴西以及非洲的加纳、马拉维等发展中国家的种业市场研究，种业发展初期，政府对私人部门的管制应该被破除，而法治制度建设、知识产权制度建设等有助于国家种业竞争力的提升。二是应该放开对种业国际市场的管制。关于这一点，学者的观点并不一致。印度的学者通过对印度1990年种业市场开放的研究，有些人认为跨国种业企业的进入有助于通过技术溢出、技术转移实现本地种业的发展，也有人认为跨国公司的进入造成了跨国公司在本国的垄断，并不利于本国种业的发展（Blessings，2010；Robert and Akwasi，2013）。

（三）种业市场结构研究

第一，种业市场集中和垄断的成因研究。欧美发达国家的种业市场发展，最终带来了市场的高度集中、种子价格的上涨和市场垄断。因此，很多学者就种业市场集中和垄断的成因进行了研究。有些学者认为，种业市场的垄断归咎于公共部门技术创新主体向私人部门技术创新主体的转型，使得需要较高成本投入的种业技术创新活动只能依赖于孟山都、杜邦等大型企业完成，造成了垄断（Shi，2009；Phillip，2009；GianCarlo，2010）。也有学者认为，因为知识产权保护政策的不断完善，对研发收益的保护程度越来越高，使得种业企业产生了分化，进而产生了垄断（GianCarlo，2010）。

第二，市场结构与企业盈利能力的研究。不论是欧美发达国家还是印度等发展中国家，种业市场的集中带来了产业的发展。那些专注于微观研究的学者，开始关注种业市场结构的变化带给种业企业市场势力、盈利能力的影响。一方面，从企业盈利能力方面考虑，农业生物科技的发展导致了市场集中度的迅速提升，随着市场份额和规模的增加，通过兼并收购、产业链的纵向整合等方式，种子企业的市场势力形成分化，部分企业的市场势力大幅增强，盈利率有了大幅提高（William，2010；Phillip，2009；Debra，1999；Marvin and Nicholas，1999）。例如，杜邦、先锋等企业依靠其在生物科技行业积累的资本等进入种子市场，并依靠其技术优势迅速形成了市场势力（James，2008；GianCarlo，2010）。另一方面，从企业组织结构的优化方面考虑，市场集中加剧了企业的兼并收购，纵向一体化发展降低了企业的经营成本，从而提高了企业组织结构的效率，增强了其盈利能力。Samuel 等（2006）通过博弈论和供应链管理研究了种子企业与经销商之间的合作关系及整合带来的供应链效率的提升；Marvin 和 Nicholas（1999）也认为企业通过纵向整合，降低了种子和性状科研、营销和促销的成本，从而增加营运效率。

二、国内文献综述

在过去的 15 年里，随着种业规模的扩大、市场价值的飞速增加，相应地我国种业科研创新体系、市场结构等也发生了较大的变化。从目前学者对种业的研究看，主要关注点包括种业科研体系研究、政府制度创新研究、种业市场结构优化研究、种业企业主体行为研究等。

（一）科研体制改革研究

由于我国当前科研体制存在的问题，导致我国种业科研效率较低，限制了我国种业的发展。加上种业开放以来，外资企业的不断渗透，带给我国种业“技术锁定”风险（熊芙蓉，2013；李成贵，2012；黄季焜等，2010；胡瑞法，2010），在不断开放的环境下，种业科研创新水平持续低迷引起了学者的关注。

我国学者对种业科研水平低的原因进行了分析，大多赞成种业科研创新的市场化方向。有学者基于种业企业为科研创新主体的假设，认为种业科研的市场化水平低制约了我国种业科研水平的发展。例如，谭祖卫（2005）对我国种业科研市场化水平进行打分，认为我国科研市场化处于受压抑的状态，限制了科研创新的发展。也有学者认为，公共科研与私人科研的研发二元体系是限制我国种业科研创新发展的重要因素（仇焕广，2013；邹军，2010），尤其是公共科研单位主导商业化育种，是我国种子发展的主要障碍（黄季焜等，2010）。一方面，以公共科研为主的科研体系下，科研单位利用公共财政进行科研，科研价格低于私人部门的科研价格，影响了企业进行自主研发的积极性（谢鑫，2012；胡瑞法，2010）；另一方面，以公益为主的科研单位开设企业，对私人企业形成了不正当竞争，限制了种业科研水平的发展（谢鑫，2012）。

对于种业科研体制的改革研究，我国学者大概提出了两类观点。一些学者认为，种业科研体制的改革，应该以企业为科研主体为改革方向。

例如，黄钢（2006）认为，目前中国的种业创新不断出现技术创新源和弱小的企业技术创新，但是要想实现从技术创新源向技术市场化过渡，必须将科研主体让渡给企业。另一些学者更关注公共科研单位的制度改革，认为公共科研部门过度参与商业化育种导致资源的错配，因此要通过优化种业科研的资源配置，通过资源禀赋和市场需求的变化，诱导种业技术创新（张世煌，2004；黄季焜等，2010；胡瑞法，2010）。

（二）政府制度创新研究

第一，我国学者关注植物新品种权对种业发展的影响研究。一些学者认为，植物新品种权保护对技术创新具有明显的激励作用。例如，展进涛等（2006）的研究发现，植物新品种权保护能够推进技术创新主体的研发投资和融资；黄武等（2007）对我国30家种子企业和50家科研机构调查并进行实证分析，认为新品种保护制度增加了创新主体的研发投入；李道国等（2006）通过对农户生产行为进行研究，发现种子企业通过提升种子价格，可回收其研发投资。但另一些学者更关注植物新品种保护制度的缺陷，认为其阻碍了种业技术创新的发展。例如，成光雷（2009）认为，植物新品种保护的实施范围和力度不够，仅集中在市场化水平较高的作物品种上。同时，植物新品种权制度无法突破地方保护主义的限制，甚至无法进行知识产权的应用（杨今胜等，2010；佟屏亚，2009；张守萍、张憬，2010）。靖飞（2007）则认为，在我国企业科研水平不高的情况下，品种权的市场化转让政策切断了其品种来源，限制了企业竞争力，使其有所下滑（靖飞，2007）。

第二，我国学者关注植物新品种权审定制度的改革。植物知识产权保护力度不够已经成为了学界的共识，其中，植物新品种权审定制度也被认为是增强植物新品种权保护的重点领域。佟屏亚（2009）认为，目前种业实施的品种审定制度不符合种业市场高度商业化的发展现状，反而降低了种业新品种权保护制度对创新者利益的保护。

（三）种业市场结构优化研究

我国当前对种业改革与发展的研究成果中，最多的是对种业改革中的市场行为及产业结构组织的研究。

尽管在《种子法》以及一系列开放种业的法律法规政策实施后，我国种业的集中度有所提升，但是整体集中度仍然偏低。这种较低的市场集中度不但增加了市场管理成本，而且不利于整体市场竞争力的提高（胡瑞法，2010；詹琳，2013）。我国学者通过对企业经营特点、科研特点等进行研究，找寻促进企业竞争力提高和产业结构优化的关键因素。

第一，经营模式。彭玮（2012）对我国较有代表性的几个大型企业经营模式进行分析，包括登海模式、屯玉模式、奥瑞金模式和德农模式，发现其都有着科研动力弱，科研与生产、销售脱节的问题。受到我国种业企业之前以国有和国有控股企业为主的经营模式的影响，当前的经营模式下无法实现大型规模企业的培养，不利于形成垄断竞争的市场结构（詹琳，2013；谭祖卫，2005；杨虎，2011）。但是，在这些企业模式中，企业横向整合和纵向整合对于企业规模的增长却发挥了较为积极的作用。由于企业规模的扩张是企业进行科研创新体系建设的前提，通过各学者的实证研究也可以看出，企业规模对种子产业产出和结构的优化有正向关联（张永强，2009）。因此，靖飞（2007）提出通过从产业链的角度增强企业生产经营的整合、完善品种权的市场化规制，不断培育育繁推一体化的龙头企业。黄毅（2010）则以粮食产业为例，认为我国 9 家两市上市企业大部分处于分销无效率的状态，还应当注重分销效率的提高，才能够实现产业结构的整体改善。

第二，兼并收购行为。尽管我国种业的集中度还很低，但在上市公司等大型种业企业的发展中，兼并收购行为较为普遍，并直接形成了企业规模的增加。然而，我国企业目前的兼并收购行为主要是横向整合，通过并购低端企业实现规模经济和范围经济。纵向整合较少，很难将科研、生产和推广系统纵向整合起来（王卫中，2005）。

第三，市场供求弹性。我国学者通过对种业市场供求弹性进行研究，认为种业的需求弹性小、供给弹性大的特征，使我国种子供给方面临着较大的质量风险、行业经营风险、品种开发投资风险，导致种业科研不完善，而种业的需求目前仍然是价格导向性，以价格而非品牌、技术含量等为导向（邵长勇，2010）。这导致我国种业企业的竞争放在价格上，而无力攻关科研，企业规模和市场集中度无法得到明显的提升（张永强，2009；杨虎，2011；彭玮 2012）。

第三章

我国种业发展历史回顾

为了更好地把握我国种业发展的规律，了解我国种业发展的历史演进规律，本书对我国种业的发展历史进行简要回顾。从新中国成立以来，我国经历了“四自一辅”的计划时期、“四化一供”的半计划时期、全面市场化时期和改革时期，种子产业从产生到壮大，种业的发展史，也是我国市场经济体制改革的历史（见表 3-1）。种业技术创新的主体经过了从公共科研机构向私人企业的过渡；种业制度越来越完善；市场竞争力逐渐提高，企业成为种业发展的主体。本章通过对我国种业发展的历史

表 3-1　我国种业改革发展的历史特征

发展时期	时间	特征	具体内容
计划时期	1949~1977 年	四自一辅	农业合作社为基础，进行种子自繁育、自选、自留、自用，同时辅助以行政进行调剂
半计划时期	1978~1999 年	四化一供	生产专业化、加工机械化、布局区域化、质量标准化，以县为单位统一供种
市场化时期	2000~2010 年	全面市场化	《种子法》以及《植物新品种保护法》以及不断改进的法律法规、知识产权保护制度、国家政策推进种业公司进行自主研发，竞争越来越激烈，研发渠道多样化，市场竞争格局分化明显
改革时期	2011 年至今	两个分离，四个提高	积极引导和推进科研院所和高等院校推出商业化育种，科研院所与高等院校与所办种子企业脱钩；提高良种覆盖率、良种贡献率、商业化供种率、前五十强种子企业市场占有率

资料来源：作者绘制。

规律进行梳理，分析我国种业技术创新、制度创新的研究路径和推动力，从而为分析影响我国种业发展的关键影响因素提供借鉴，为新一轮种业改革目标的实现提供参考。

第一节 计划时期（1949~1977 年）

一、育种科研与创新

我国是农业大国，在 2300 年前就有关于良种的记载。但是，应用现代育种技术进行品种选育、种子生产技术创新的历史较晚。新中国成立以来，我国实施计划经济体制，科研创新活动是由政府主导，是具有社会公益性质的，育种科研在全国政府的统一组织下实施，以良种选育与推广为主。

计划经济时期，我国育种研发的主体是公共科研机构。由于新中国成立初期，技术创新的有效资源较为稀缺，因此，在计划经济体制下，国家通过计划的方式统筹安排资金、技术、人才进行育种科研工作。育种工作者遵照各主管单位的安排开展育种工作，对于重大科研成果，由主管单位实施奖励，并可获得政治上的职务升迁。这种方式在当时曾有效地调动了育种研发人员的工作积极性。但当时的农业生产主要是利用农家种、品种间杂交种以及少数双杂交种。

计划经济下的政治因素抑制了种业育种研发。早在 1945 年，美国的玉米育种专家斯塔德勒就美国推广玉米杂交技术的经验与我国进行了深入交流，但是，在世界种业广泛开展杂交育种技术的时期，杂交育种技术在我国的推广举步维艰，延误了我国种业的形成和发展。这主要是由于在当时的政治环境下，将杂交育种技术所依据的摩尔根遗传学理论视作“资本主义”而加以抵制。直到1963年，我国农业部召开“关于玉米双杂交繁殖推广及建立专场座谈会”，而后育种杂交技术开始推广。

为进行良种选育，我国政府鼓励在群众中开展品种选育，出现了种子混杂严重、粮种不分的情况，而后进行了种业科研机构的整顿。1950年，我国召开种子工作会议，提出通过开展群众性的选种活动来发现良种、推广良种，并且建立起群众全面参与的良种繁育体系。但是“大跃进”时期出现三年自然灾害后，1962年国家发布《关于加强种子工作的决定》，对农业科研机构、良种繁育农场和种子站进行整顿改革，重新恢复了种业科研机构的育种研发基础地位。

二、种子管理制度

（一）知识产权保护制度和监管制度

计划经济体制下，我国当时还未建立起植物新品种权保护的相关法律法规制度，也还没有加入植物新品种保护国际公约（UPOV）。但我国通过采取行政保护的手段，同样对种子育种研发者的权利进行了保护。根据当时育种研发人员的研发成果，成果越多，新品种推广面积越大，对农业生产的贡献作用越大，则研发成果就会得到国家政治和经济上的回馈，研发创新者可获得国家的经济回报和政治待遇的提高。

在市场监管方面，我国在计划经济时期尚未形成系统的法律规范，重点是由行政管理部门和行政法规组成，具体可概括为表3-2。

表3-2 计划经济时期种子市场监管法规体系

时间	行政法规颁发部门	行政法规名称	行政法规简要内容
1950年	农业部	《五年良种普及计划（草案）》	开展群众选种
1958年	农业部	《四自一辅方针》	种子工作依靠农业生产合作社，进行自繁、自选、自留、自用，辅之以调剂

续表

时间	行政法规颁发部门	行政法规名称	行政法规简要内容
1958 年	农业部	《全国玉米杂交种繁殖推广工作试行方案》	统一规划杂交玉米良种推广和繁殖工作
1962 年	国务院	《关于加强种子工作的决定》	整顿农作物种子混杂局面，整顿农业科研机构、良种繁殖农场、种子站

资料来源：作者根据佟屏亚《中国种业六十年发展历程》的资料自行绘制。

（二）种子管理制度

在种子管理方面，我国建立起从中央到地方统一协调管理的种子管理体系。该时期，我国种子管理的组织结构以“种子管理局 + 基层经济组织”模式为主，负责全国种子的研发、生产和经营。

1949 年 10 月 1 日新中国成立后，农业部粮食生产司设立种子处，负责粮棉油农作物的良种推广、群众选种和繁育工作，1950 年 8 月在地方各级的农业部门成立了种子机构，实施行政、技术“两位一体”的种子选育与推广体制，进行良种选育和示范推广。相应地，我国自中央到地方县级单位形成了各级种子主管部门，统筹负责种子的生产、经营和推广。1956 年，由农业部设置种子管理局，行政、技术的“两位一体”的管理体制推广为行政、技术和经营的“三位一体”。1958 年，又在各级政府设立种子公司或种子管理站，实行种子的经营和调派，建立起了良种繁育制度、品种区域试验制度、种子审定制度和种子检验制度。但是，“文化大革命”期间，种子管理机构又再次与农业部门合并或兼并到其他行政部门，种子的繁育和推广体系陷入混乱。“文化大革命”结束后，1977 年，我国政府通过以生产大队为单位进行种子的统一繁殖、保管和供种，建立了农作物统一供种的新秩序。

三、种子市场的发展

新中国成立初期，处于计划经济体制下的中国种业开始了缓慢的发展。种子的管理、生产、经营都依靠国家行政部门完成，并不存在真正意义上的种子市场。

在计划经济的种子管理制度下，种子的繁育和推广都依靠国家行政部门进行，因此种子的商品率极低，只有少数地区存在规模很小的以物换种。因此，资源的配置依靠国家行政计划手段完成。由于社会主义计划经济制度下的资源配置信息成本极大并具有滞后性（田国强，2000），因而不可避免地出现了资源调配的不合理和资源浪费，主要表现为科研创新的抑制、良种调配失策造成的浪费。较为典型的事件为“青森 5 号事件”，1954 年农业部在南方稻区引入早粳稻“青森 5 号”失败后，粮食严重减产。与此同时，地方出现的大范围行政命令调种不断引发种子事故，严重妨碍了种子资源的优化配置。

第二节　种业形成期（1978~2000 年）

一、种业技术创新

改革开放以来，随着市场机制的建立，种子产业开始形成。由于商业化的介入，育种研发和科技创新受到企业的影响，出现了商业化育种的萌芽。在半计划的市场体制下，种业主体开始从国家行政部门转向国有种子企业。随着知识产权保护、种子经营管理相关法律法规出台，种子企业数量大幅增加，但由于全国处于垄断市场结构下，属于买方市场，因而种子企业并没有创新动机，育种研发和技术创新仍然依靠公共科研部门完成。

从公共科研机构的技术创新活动看，尽管其仍然占据主导地位，但混乱的市场秩序限制了科研院所的创新行为。由于我国种子科研人才大多集中在科研院所，因而，该时期为数不多的重大科研创新绝大多数出自科研院所的科研人员，包括杂交玉米、杂交油菜等。但由于种子商业化程度越来越高，在不具备良好的市场监管、法律规制的情况下，市场假冒伪劣种子比比皆是，一些科研单位也参与到其中，如湖南农业大学“遗传工程稻”事件，给农民粮食生产带来了很大的损失。

从企业创新看，地区分割和政企不分的体制增加了企业经营成本，无法进行创新行为。根据统计，该时期我国所有的种子企业中，95%的企业属于中下类企业，经营规模小、贷款多，大部分企业没有懂技术的人员，无法进行科研创新。与此同时，由于国有种子公司实际上并没有与农业管理部门脱离，因而不具有财证权和人事权，组织创新无从谈起，且由于行政的非正常干预，种子公司需要花费大量的时间和成本去应付来自各部门的行政税费征收，最终导致大部分种子企业有着严重的负债问题等。

二、种业制度变迁

（一）知识产权保护制度

在改革开放的初期，我国种子市场面临的最大问题是由商业化带来的市场假冒伪劣产品泛滥的问题。为了对种子市场进行整顿，政府加快推进了知识产权保护制度的完善，并逐渐对植物新品种进行保护。1982年2月，农牧渔业部发布《全国农作物品种审定试行条例》，并在各省市区建立起农作物品种审定委员会，对农作物品种进行审定。1984年，第六届全国人民代表大会常务委员会第四次会议通过了《中华人民共和国专利法》，对植物品种进行育种方法的保护，但不授予专利，相继出台的《商标法》、《著作权法》也无法对新品种知识产权进行保护。1988年，农牧渔业部和国家工商局发布《关于加强农作物种子生产、经营管理的暂行规定》，对农作物种子的生产、经营、质量检验进行“三证一照”管理。最终，1999 年《中华人民共和国植物新品种保护条例》实施；同年，我国加入国际植物新品种保护联盟（UPOV），我国的植物新品种保护制度体系正式建立。

（二）法治制度

我国种子市场在 2000 年以前处于蓬勃发展但市场秩序极为混乱的时期。由于假冒伪劣、企业恶性竞争、侵权事件频发，种业法治制度逐渐形成。我国种业法治制度主要有如下特征：

第一，法律体系不完善。改革开放初期，种业的法制体系处于建设和形成阶段。因此，从法律法规体系的内容和组成看，法律涵盖种业知识产权保护的范围越来越广，但是总体处于发展较为滞后的阶段。例如《专利法》的颁布并没有对植物品种权授予专利，1999 年，我国才出台了《植物新品种保护条例》并加入 UPOV。对种业的法律规范，起主要作用的是行政法规和行政规章，但行政规章杂、乱、变化快。我国在这一时期，以农林牧渔部为主导，制订了较多的行政法规和规章，对种业研发、市场、经营等领域的具体问题进行了专门规定，

第二，种子管理机构执法不力。例如，品种审定方面，尽管根据《种子管理条例》的规定，新品种应该在 3 年区域试验后增产 5%以上才能通过审定，但在实际执法过程中，各省通过审定的品种有一半以上无法达到法定标准，品种审定制度执行效果很差。同时，《种子管理条例》中也有对种子质量进行认证的规定，但种子公司受制于检验设备和检验技术，无法按规定对种子的纯度、获利等进行检验，降低了种子检验效率。

（三）行政管理制度

1978 年 5 月，国务院下发《关于加强种子工作的报告》，恢复建立种子公司和种子基地，实施“四化一供”政策，即品种布局区域化、种子生产专业化、种子加工机械化、种子质量标准化，同时以县为单位进行

统一供种。与此同时，中国种子公司建制，成为这一时期我国种业产业化过程中的关键主体。

1978 年农林部设置种子公司，与管理局共同实施“三位一体”的管理，并在 1984 年的经济体制改革中，将种子的管理与种子经营分离，管理部分划归行政部门管理，种子经营划为种子公司管理。1987 年 10 月，当时的农林牧渔部将种子公司与种子管理机构分离，并于 1988 年成立种子公司，其性质定位部属企业，实施政企分开。1995 年 10 月，中国种子公司更名为中国种业集团公司，1999 年农业部宣布中国种业集团公司与农业部脱钩，归属国资委管理，地方种子公司也与农业管理部门脱钩并转变所有制性质。

为了配合种子的推广，由全国种子总站、农技推广总站、植保总站、土壤肥料总站合并为全国农技推广服务中心，为种子的经营、使用、推广提供相应的服务支撑。

三、种业发展

1955 年，国家通过投资种子工程建设项目，正式开启种子产业化发展战略，我国种子产业初具规模。但由于种子公司成立初期政企不分、国家重申种子公司为种子经营主渠道，导致种子公司的垄断经营，市场机制难以发挥，市场化程度低，且竞争过度，企业并未能够成为种业市场的发展主体。

（一）种业市场规模扩大但集中度低

我国实施“四化一供”以来，1978 年，由农林部和财政部分别拨款 1200 万元、1.72 亿元。截至 1984 年，全国建立“四化一供”县市 460 个，跨省生产基地 50 多个。1995 年，农业部通过实施“种子工程”项目，在全国投资 132 亿元进行产业化，世界银行贷款 18 亿元实施种子产业化。在强大的财政资金支持下，我国种子加工产业快速发展，加工能力在 1999 年底实现了 490 万吨。与此同时，种子市场规模在 1997 年达到 249 亿元，如表 3-3 所示。

表 3-3　我国种业产业市场规模统计（1997~1999）

年份	1997	1998	1999
销售额总量（万元）	287103	363190	391691
市场价值总量（亿元）	249	249	249
产业集中度（%）	11.53	14.59	15.73

数据来源：援引朱洲（2005）从农业部种植业管理司种子与植物检疫处获取的数据。

在种业市场规模不断扩大的同时，我国面临着种业市场的过度竞争，产业集中度极低。根据表 3-3 的统计，我国百强种子企业的市场占有率不超过 16%，属于过度分散的市场结构，市场规模的进一步扩大面临着压力。

（二）国有种子公司垄断经营但盈利能力弱

尽管“四化一供”时期种业开始摆脱计划经济的约束，但由于这一时期我国处于市场经济体制改革时期，种子公司政企不分的管理，使我国种业市场实质处于半计划状态，着重于强调种子全国统一供给，强调种子公司为经营主体，造成市场垄断经营和区域分割。

1989 年 3 月，国务院发布的《中华人民共和国种子管理条例》和 1991 年 6 月农业部颁布的《中华人民共和国种子管理条例农作物种子实施细则》提出种子公司应该是种子经营的主体，全国种子应该由国有种子公司进行统一供种。1996 年，农业部和国家工商局发布《农作物种子生产经营管理暂行办法》，重申种子应该由县级种子公司进行销售。这一系列的行政规章奠定了国有种子公司的垄断地位。由于当时的种子管理是由农业部主管，并委托各县种子管理站进行管理，但具体操作中，县级种子管理站不但负责种子管理，而且同时还是技术服务部门和经营部门，其职能和权力缺乏约束，导致种子公司和种子管理局在实际运营中政企不分，种子公司成为农业管理部门谋利的“小金库”。

尽管种子公司具有垄断的特权，但这并没有培育其竞争力。主要是因为种子公司的布局分散，且都是以县级为单位的小公司，数量多且竞争过度，市场化程度很低。加上大部分种子公司缺乏具有竞争力的高级要素，缺乏技术手段、经营生产条件，也缺乏人才，因此，种子公司之间的高度竞争、低竞争力，造成了我国种子公司负债率高达 80%（2000 年底的统计结果）。截至 2000 年 12 月，全国县级以上的种子公司共有 2700 家，平均资产为 1240 万元，年平均利润为 30 万元，销售额为 800 万元。其中，销售过亿元的种子公司 7 家，资产超过 3000 万元的仅 20 家。

（三）市场严重割裂

由于当时的种子公司是以县为单位建立的，具有明显的区域规划布局，种子公司在垄断利润的驱动下，为了确保更高的利润，实施市场保护主义，设置地区之间的进入壁垒，我国种子市场形成了条块分割的状态，企业之间无法展开公平竞争，妨碍了市场机制作用的发挥。

第三节　种业发展期（2001~2010 年）

2000 年 12 月，《种子法》宣布实施，打破了种业形成期国有种子企业的垄断经营，标志着我国种业市场彻底面向市场开放。与此同时，私人种子企业的主体地位开始建立，育种技术创新大幅发展，新品种权申请量迅速增长，种子市值迅猛增长为世界第 2（ISF，2012）。

一、种业技术创新

（一）公共科研机构仍然为技术创新的主要力量

根据图 3-1 和表 3-4 对我国植物新品种权申请部门的统计数据，

2000 年以来，植物新品种申请数量相比 2000 年以前有了较大数量的提高，并且在 2007 年达到高峰。在种业发展的 10 年里，教学科研单位等

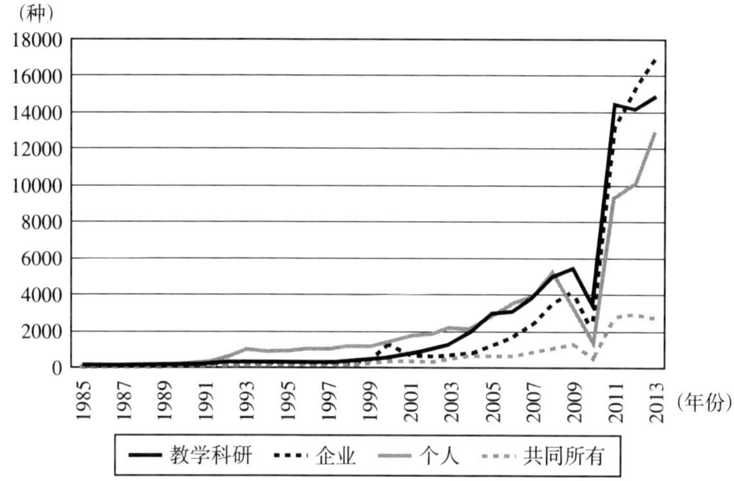

图 3-1　不同部门植物新品种申请数量

资料来源：根据表 3-4 自行绘制。

表 3-4　我国分部门植物新品种申请量统计（1985~2013 年）

年份	教学科研	企业	个人	共同所有	年份	教学科研	企业	个人	共同所有
1985	126	25	64	13	2000	592	1336	1493	381
1986	98	19	73	25	2001	783	786	1774	390
1987	137	46	118	19	2002	1027	636	1907	420
1988	139	64	176	77	2003	1320	755	2210	518
1989	145	69	181	67	2004	1963	861	2189	655
1990	168	94	245	108	2005	2924	1305	2850	684
1991	199	138	315	115	2006	3105	1698	3512	676
1992	298	174	638	144	2007	3840	2451	3947	863
1993	312	317	1034	230	2008	5083	3519	5291	1068
1994	256	235	934	202	2009	5477	4210	3498	1376
1995	218	199	975	190	2010	3405	1946	1371	557
1996	268	250	1074	190	2011	14464	13104	9331	2848
1997	294	214	1091	231	2012	14218	15328	10120	2949
1998	355	235	1201	220	2013	14854	16945	12946	2747
1999	407	415	1242	327					

资料来源：2010 年之前的数据根据农业知识产权研究中心数据进行整理计算，2011~2013 年数据根据《中国农业知识产权创造指数报告》2011~2013 年报告进行计算整理。

公共科研部门仍然是主要的育种研发力量，申请新品种权的数量也是最多的。根据《中国农业知识产权创造指数报告 2012》的统计数据，从植物新品种授权总量来看，同样仍然以教学科研单位授权总量比例为最大。1999~2011 年，教学科研单位授权的植物新品种占总量的 63.56%，仍然占据主导地位。

（二）种业企业的技术创新主体地位开始建立

从表 3-4 和图 3-1 看，我国种业企业在技术创新领域发展越来越快，截至 2011 年，已经有赶超公共科研单位的趋势，成为我国育种研发的重要主体。根据图表数据，2000 年以来，企业与公共科研机构就种业新品种权申请的差距在逐步缩小，并且在 2011 年，企业和个人等私人部门的种业品种申请总量超过教学科研机构的申请总量。从授予数据看，科研单位与企业之间还存在一定差距。

从商业化育种的研发和创新看，种业企业的主体地位已经建立。根据佟屏亚（2009）的数据，2002 年国审玉米杂交品种 40 个中，种子企业只占 22.5%，其余由公共科研机构完成。但是到 2005 年，国审的杂交玉米品种 51 个，种子企业占 51%，赶超公共科研机构，而到 2009 年，国审的 14 个玉米杂交种中，企业个人占据 71.4%，已经具有绝对优势，成为商业化育种的主体，如图 3-2、图 3-3 所示。

二、种业制度变迁

（一）知识产权保护制度

随着我国《植物新品种保护条例》的实施，新品种权人的合法权益得到保障，并且我国开始出现了种业技术创新成果与新品种权的有权转让，极大地激励了企业的自主创新积极性。

但是，由于知识产权保护制度的建立较晚，不论是育种研发人员还是种业企业，对知识产权的了解甚少，不具有知识产权保护意识，因此，

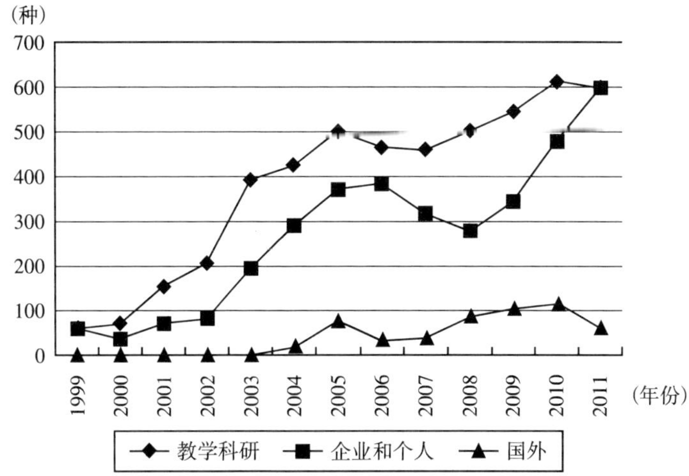

图 3-2　1999~2011 年植物新品种权申请数量

资料来源：《中国农业知识产权创造指数报告 2012》。

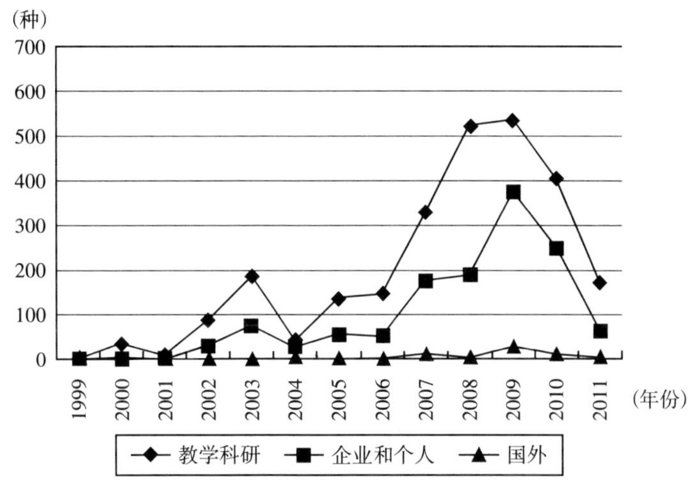

图 3-3　1999~2011 年植物新品种权授权数量

资料来源：《中国农业知识产权创造指数报告 2012》。

这一阶段的育种研发和知识产权还未能实现商业化。一是种业企业不愿意出资购买科研机构或育种专家的品种权，二是品种权私下转让、侵权、盗取亲本等现象严重，导致育种研发机构的育种投入不能获得应有的回报，科研再投资缓慢，新品种开发受阻。

除此之外，品种审定制度的不完善，极大损害了技术研发人员的研发积极性。在2000年《种子法》实施之初，全国农作物育种科研单位450家，发展到2009年，已经超过2000家（佟屏亚，2009），其中研发个人占比较大，每年申请新品种审定的数量急速增加。由于审定是人为操作，因而出现了权力寻租和腐败行为，老品种当新品种审、一品多名和多品一名现象严重，审品种变成了“审钱”和“审关系”，假冒伪劣和侵权行为在市场泛滥，严重影响了育种研发人员的创新积极性。

（二）种业管理制度

在先前种子管理制度的基础上，这一时期，我国形成了以种子管理机构、种子管理队伍、种子管理支撑体系共同组成的种子行政管理体系；同时以种业产业链为基础，形成了种子品种管理、市场监督管理的产业市场管理体系；并且种子管理服务体系也逐渐形成，主要包括种业信息服务、种业行业协会服务等。

从行政管理看，以农业部种子管理局为主导，我国在各省市县成立了种子管理机构，对种子市场进行管理，各级种子管理机构聘用专业技术人员、管理人员和普通工人，实施种子市场的行政管理工作。同时，配合我国种子质量管理、新品种保护制度，全国建设种子质量检测机构、农作物区试点、植物新品种测试中心等，用于辅助种子管理机构进行市场监管。

从产业管理看，我国针对品种管理，形成了种质资源管理、新品种保护、主要农作物品种审定、非主要农作物品种管理为一体的品种管理制度，负责对植物新品种权的审定、监管、执法以及新品种展示推广等。针对市场监管和推广，我国展开了种子标准体系管理、行政许可管理和种子市场秩序管理，分别负责对种子标准体系建设和质量检测、行政许可证的审批查处和颁发、种子市场打假维权。

（三）政府直接干预政策

国家并没有放弃对种业的直接干预。良种补贴计划、知识产权保护、新品种的审定操作中的政府逐利性行为影响了我国种业创新主体的创新激励，我国的种业市场集中度一直很低，条块分割的状况并没有得到根本性的改变，市场竞争仍然以价格竞争、终端销售策略竞争等为主，没能形成良好种业创新机制。

三、种业发展

（一）产业主体多元化发展

2000 年以后，《种子法》的实施打破了原有的垄断，政策造成的市场准入壁垒、区域壁垒等开始被破除，种业吸引了资本的进入，私人种子企业开始迅速增加。截至 2008 年 12 月，我国注册资金在 500 万元以上的种子企业达到 8500 多家，其中，国有种子公司 2000 多家，民营 6400 多家，外资 76 家，销售企业则更是拥有 16 万家之众。在所有的种子企业中，不但有国有企业改制的股份制种子企业，还包括新型的私人民营企业，以及科研院所开办的种子企业、一些育种研发者兴办的私人企业等。这一时期，我国种业主体呈现多样化发展，并且以私人资本为主。

（二）市场集中度低

根据表 3-5，随着种业市场竞争秩序的不断改善，我国种业市场集中度不断提高，尤其是自 2010 年新一轮种业改革开始以来，我国种业行

表 3-5　我国种业市场集中度

年份	前 10 营业额（亿元）	市场份额（%）	前 50 营业额（亿元）	市场份额（%）
2000	23.5	9.4	38.7	15.5
2002	28.8	10.9	63.9	24.2
2007	45.8	12.4	98.1	26.6
2008	51.8	12.9	109.4	27.3
2013	119.48	16.3	240.28	32.8

资料来源：2000~2008 年数据参考荃银高科招股说明书中披露的数据，2013 年数据根据《中国种业市场发展报告 2014》进行整理测算。

业的集中度提升幅度远远高于2002~2007年的平均水平。但是，从总体市场集中度水平看，我国种业市场集中度还较低。

第四节　种业改革期（2011年至今）

一、新一轮种业改革基本思路

2010年之后，我国种业政策进入密集发布期，着重突出技术创新引领种业发展。以2011年我国颁布《关于加快推进现代农作物种业发展的意见》为标志，新一轮种业改革之路正式启程。从我国政策的整体布局看，种业的改革发展总体上以建立企业为产业发展主体为根本，以改革种业科技创新为突破口，实现种业科研体制改革、产业链上游与中下游的一体化改革。

（一）建立以企业为主体的产业发展体系

2011年4月，国务院下发的《关于加快推进现代农作物种业发展的意见》（下文简称《意见》），是我国种业改革政策中具有突破性的文件，该文件首次明确了企业作为种业发展的主体地位，并且明确种子企业应当成为商业化育种的主体，同时也应该成为种业改革发展的主体。2011年8月，农业部发布《农作物种子生产经营许可证管理办法》，针对国务院下发的《意见》，着重提高种子生产经营企业的准入门槛，并首次规定了注册资本中的自有固定资产比例，促使种子企业的发展转型。2012年2月，中央"一号文件"《关于加快推进农业科技创新持续增强农产品供给保障能力的若干意见》中，又针对种业发展，提出了通过育繁推一体化企业协助建立以种业企业为主体的商业化育种体系。与此同时，还推动种业企业之间的兼并重组；通过种业发展基金等多种形式，培育育繁推一体化的骨干种子企业；推动种业企业与科研院所、高校等进行科企合作。

（二）多渠道加大新品种保护

为了保护种业技术创新成果，增加企业技术创新的回报，激励种业企业的技术创新行为，国务院于 2013 年 1 月下发《关于修改〈中华人民共和国植物新品种保护条例〉的决定》，对种业市场的侵权行为加大了处罚。2013 年 12 月 27 日的农业部第 4 号令通过修订《主要农作物品种审定办法》，“充分发挥市场在资源要素配置中的决定性作用”，提高品种审定的标准，进一步为具有突破性的良种培育、新品种的更替提供了制度保障。

此外，2013 年 11 月 27 日，我国工商行政管理总局联合印发了《关于进一步做好打击侵犯品种权和制售假劣种子行为的工作意见》，专门针对目前种子市场上泛滥的种子套牌行为、种子地方保护主义行为，加大了处罚力度，通过加强执法，改善了种子市场的不良竞争，维护了市场秩序，为种子市场上“劣币驱逐良币”现象提供了专门的整治对策。

（三）推动育繁推一体化

2010 年 3 月 12 日，农业部通过批准了《育繁推一体化农作物种子经营许可证核发条件》，推进农作物种子从育种、生产到经营的一体化。育繁推一体化种业企业可以获得国家优惠政策的补助，但同时还需要达到高于一般种业企业的门槛，这些较高门槛主要表现在注册资本门槛、种业科研投入门槛以及种业经营行为的最低要求。一是注册资金须达到 1 亿元以上。二是在科研投入上，育繁推一体化企业应配备至少 2 名种子高级研究员、5 名生产技术人员，同时还需要投入一定数量的育种研发设备，具有自主育种研究机构。三是在种子的经营方面，要求企业通过国家级审定的品种在 5 个以上，并且近 10 年内获得植物新品保护的品种在 5 个以上，自由品种的经营量应占公司经营总量的 50%以上。

（四）推动科研体制改革

进入新一轮种业改革以来，我国种业科研体制的改革成为种业改革中的重点内容之一。科研体制改革着重于公共科研与商业科研分工的进一步明确化，明确了公共科研机构着重于基础科研，并将商业性技术创新向企业倾斜。2012 年中央“一号文件”强调着力抓好种业科技创新，并提出增加种业基础性、公益性研究投入，加强种质资源收集、鉴定和保护工作；创新与重理论方法和技术，创制改良育种材料，加快培育一批突破性新品种。同时，为了培育种业企业商业化育种的创新主体地位，“一号文件”鼓励通过种业发展基金，鼓励企业与重点优势科研单位建立合作科研平台，通过合作科研引导创新技术、技术人才向企业流动。2013 年的“国七条”（《关于深化种业体制改革提高创新能力的意见》）进一步细化了种业科技创新体制的改革，针对“科技与生产两张皮”的问题，明确要求公益性的科研单位、高等院校等应该在 2015 年底实现其所办种子企业与单位“事企”脱钩。为了鼓励种业技术创新人才向私人部门流动，该文件提出了推动确权交易和创新科技成果收入分配机制，鼓励科研人才向私人部门流动。

二、改革以来种业技术创新发展

（一）种业企业超越公共科研机构成为创新主体

第一，企业逐步成为植物新品种权保护主体。根据表 3-2 和图 3-1 对我国近年来植物新品种申请数量的统计数据可以看出，植物新品种的申请总量上，企业申请总量与教学科研单位逐渐持平，有超越之势，并于 2013 年，申请总量超过教学科研单位，成为植物新品种申请总量第一的部门。但根据《中国农业知识产权创造指数报告（2014 年）》的相关数据显示，植物新品种授权总量中，仍然以教学科研单位授权总量比例为最大，1999~2013 年，教学科研单位授权的植物新品种总量占 62.1%，为

2438 件，而企业占 33.44%，为 1313 件。因此，尽管企业的技术创新活动越来越活跃，但有效创新比例还有待进一步提高，植物新品种专利授权总量仍然以科研单位为主。

第二，企业育种速度快，比例大幅提高。根据 2013 年的数据，国审品种企业占比为 36.09%，省审品种中，企业占比为 51.7%。其中，企业进行玉米种的选育有 9 个品种，占比由 2001 年的 15%提高到了 2013 年的 50%，水稻品种企业审定 21 个，由 2001 年的 3%提高到 2013 年的 48.8%，说明企业育种的速度有了较大幅度的提升，每年增加速度越来越快，而且从国审到省审，企业的占比逐渐过半数，说明我国种业技术自创新改革以来，种业企业的科研育种能力有了大幅提高，并且逐渐成为商业化育种的主体。

第三，原始、基础创新主体以教学科研单位为主。根据《中国种业市场发展报告 2014》的相关统计数据，玉米、小麦、棉花、水稻、油菜等几个农产品种子的自主创新成果，主要是由我国科研事业单位部门完成的，企业参与的自主创新研发较少。而根据 2014 年各品种原始创新成果看，这部分原始创新主要以理论创新、生物技术创新为主，为公共基础性科研性质。

第四，大型种业企业以独立科研创新为主。根据《中国农业知识产权创造指数报告》的相关数据内容，我国大型种业企业的植物新品种申请量和授权量主要以独立科研为主。根据表 3-6 和表 3-7 对我国种业企业和教学科研单位的植物新品种申请和授权排名前 10 的统计数据看，申请植物新品种的所有企业中，大多数为上市企业；而科研事业单位中，尽管申请数量和授予数量远高于企业的申请数量和授权数量，但授权数量所占比例不如企业高。因此，目前种业技术创新中，私人企业的实力越来越强，且以大型上市种业企业为私人种业技术创新的重要主体。

表 3–6 企业植物新品种申请和授权前 5 名单位统计数据

单位：个

排名	企业名称	申请数量	受让数量	企业名称	授权数量	受让数量
1	北京金色农华种业科技有限公司	239.17	7.5	山东登海种业股份有限公司	108	10
2	山东登海种业股份有限公司	181.50	19	吉林吉农高新技术发展股份有限公司	88	37
3	袁隆平农业高科技股份有限公司	155.5	1	袁隆平农业高科技股份有限公司	75	1
4	吉林吉农高新技术发展股份有限公司	111.5	9	北京奥瑞金种业股份有限公司	41	4.83
5	孟山都科技有限责任公司（美国）	103	—	北京金色农华种业科技有限公司	30	1.5

资料来源：《中国农业知识产权创造指数报告 2014》。

表 3–7 教学科研单位植物新品种申请和授权前 5 名单位统计数据

单位：个

排名	单位名称	申请数量	转让数量	单位名称	授权数量	转让数量
1	江苏省农业科学院	416.4	8	江苏省农业科学院	192	5.5
2	黑龙江省农业科学院	309	—	黑龙江省农业科学院	108.5	6
3	中国农业科学院	264.74	—	中国农业科学院	106.33	
4	山东省农业科学院	194	1	山东省农业科学院	81	4
5	云南省农业科学院	158	—	吉林省农业科学院	74	39

资料来源：《中国农业知识产权创造指数报告 2014》。

（二）企业技术创新投入强度提高

1. R&D 投入

自从种业改革以来，科研投入占销售额的比例越来越高，且大型种业企业的科研投入比重在行业中较高。根据 2013 年的统计数据，规模以上（注册资本 3000 万元以上）的种业企业科研投入总规模为 22.38 亿元，占销售总量的比重为 4.12%，是自 2009 年以来增幅最大的一年。根据对销售额前 5、前 10 和前 50 名的种业企业的科研投入数据看（见表 3–8），大型企业的科研投入占比较高。销售额前 50 的企业科研投入总量为 10.92 亿元，而仅销售额前 5 的企业占比就为 34%。根据 2013 年对 10 家明星企业和规模企业、骨干企业的科研投入比的统计，10 家明星企业的科研投入占所有规模企业科研投入总额的25%，如表3-9所示。

表3-8　销售前50企业科研投入情况

单位：万元

项目	部颁证企业		省颁证企业		总计	
	2012年	2013年	2012年	2013年	2012年	2013年
销售前5	20076	34791	—	2217	20076	37008
销售前10	23911	46126	1226	2217	25137	48348
销售前20	38301	72311	1226	2417	39527	74728
销售前50	50840	102654	5353	6953	56193	109247

资料来源：根据《中国种业市场发展报告2014》进行整理。

表3-9　种业骨干企业的科研投入统计

企业类别	科研投入总额（亿元）	占规模总数比重（%）
明星企业	5.54	24.7
骨干企业	11.65	51.9
规模企业	22.46	100

资料来源：根据《中国种业市场发展报告2014》进行整理。

2. 高学历劳动要素投入

根据2010~2013年的统计数据（见表3-10），种业企业从业人员中，硕士学历和博士学历从业人员数量不断增加，占比也在不断攀升，硕士和博士占所有从业人员的比重从2010年的3.29%，上涨为2013年的3.9%。在种业企业的科研人员队伍中，博士的比例从2012年起有了较大

表3-10　种业企业高学历劳动人员统计

项目	2010年	占比（%）	2011年	占比（%）	2012年	占比（%）	2013年	占比（%）
职工总数（人）	93577	—	96277	—	91298	—	114612	—
硕士（人）	563	0.60	671	0.70	697	0.76	853	0.74
博士（人）	2518	2.69	2809	2.92	3053	3.34	3627	3.16
科研人数（人）	13296	—	14537	—	14034	—	16722	—
硕士（人）	450	3.38	517	3.56	560	3.99	638	3.82
博士（人）	1517	11.41	1714	11.79	1830	13.04	2170	12.98

资料来源：根据《中国种业市场发展报告2014》进行整理。

幅度的上涨，占比也呈现上涨态势，说明企业对高学历人才的吸引力越来越大，对高学历人才的引进越来越重视。

三、改革以来的种业制度变迁

（一）种业知识产权制度改革

由于种业知识产权制度的不完善，对我国种业育种研发人员的积极性造成影响，改革种业知识产权保护制度已经势在必行，并且成为2011年种业改革关注的重点领域之一。种业知识产权保护制度的改革是从立法开始的，包括品种审定标准的改革以及对侵权行为的整治处罚。总体来说，种业知识产权保护强度有所增加。

根据2015年《种子法修正草案》征求意见稿，对种业知识产权保护、育种科研体制改革等方面做出了法律上的修改。该修订草案将植物新品种保护纳入《种子法》，将现有的植物新品种保护条例的内容合并到《种子法》中，并且对品种全申请、授权、审查、实施，以及品种全侵权即例外、品种权保护期、终止和无效等问题进行明确的规范。这说明未来的种业知识产权制度改革中，将会对当前种业市场广泛存在的侵权行为、假冒伪劣行为进行处罚，意味着种业知识产权保护强度的增大。

《种子法修正草案》还对饱受诟病的品种审定制度进行改革，大大减少审定品种，改品种审定制度为品种登记制度，解决品种审定标准不统一、审定程序不规范、与市场脱节等问题。与2014年2月实施的《主要农作物品种审定办法》相结合，修改后的种子法草案，将会大大减少农作物审定品种的种类（由原来的28种作物减少为5种），对于审定品种，将试行品种选育、生产、经营推广一体化，并且允许注册资本1亿元以上的企业在申请审定时就开展区域生产试验。对于通过省级审定的品种，已经进行生产试验点两年实验的，申请国家级审定可免于区域生产试验。对于未列入审定品种的其他品种，则实施等级制度。

（二）育种研发制度改革

育种科研体制改革，主要是对公共科研育种机构进行职能上的重新定位，即恢复公共科研机构基础性科研、前沿性科研和公益性科研的本职工作，并取消对其进行商业化育种科研的财政资金支持；同时，鼓励种子企业建立自主知识产权创新机制，通过合作技术研发的方式，建立起种子企业与公共科研机构的技术创新合作平台，培养种子企业成为商业化育种研发的主体，从而实现商业化育种与基础研究、公益研究的分离。

四、改革以来的种业发展

（一）我国种业企业数量大幅减少但规模增加

随着我国种业改革政策的密集出台和实施，种业企业育繁推一体化发展的推进，我国种业的整体产业结构在近年来有了较大调整，首先表现在种业企业的数量减少。一是中小企业和违规企业减少。自从《意见》出台以来，我国种子企业的数量减少了 2751 家，合计减幅为 31.6%。种子企业数量的减少，主要得益于我国种业企业进入门槛的提高，而且通过越来越强的种子市场执法力度，清退了违法企业，因此，种业企业数量的减少代表了我国种业改革的基本成效，也显示了我国种业市场竞争秩序的提升。二是国家通过大力推进种业企业之间的兼并，进行了种业企业资源的整合，也进一步减少了种业企业数量。

尽管种业企业数量有所减少，但规模扩大。根据 2014 年的统计，种子企业 2013 年的资产总额为 1350.43 亿元，其中固定资产 277.85 亿元，净资产为 846.8 亿元。资产超过 1 亿元的有 243 家，相比 2012 年有了较为明显的增加，如表 3-11 所示。

（二）种业的市场集中度逐步提高

根据表 3-12，随着种业市场竞争秩序的不断改善，我国种业市场集中度不断提高，尤其是在 2010 年新一轮种业改革开始以来，我国种业行业的集中度提升幅度远远高于 2002~2007 年的平均水平。但是，从总体市场集中度水平看，我国种业市场集中度还较低。

表 3–11　资产超过 1 亿元企业数量

单位：个

金额	固定资产		净资产	
	2013 年	2012 年	2013 年	2012 年
20 亿元以上	0	0	1	1
10 亿元以上	0	0	6	6
5 亿元以上	3	3	11	8
2 亿元以上	8	6	47	34
1 亿元以上	28	25	142	106

资料来源：根据《中国种业市场发展报告 2014》进行整理。

表 3–12　我国种业市场集中度

年份	前 10 营业额（亿元）	市场份额（%）	前 50 营业额（亿元）	市场份额（%）
2000	23.5	9.4	38.7	15.5
2002	28.8	10.9	63.9	24.2
2007	45.8	12.4	98.1	26.6
2008	51.8	12.9	109.4	27.3
2013	119.48	16.3	240.28	32.8

资料来源：2000~2008 年数据参考荃银高科招股说明书中披露的数据，2013 年数据根据《中国种业市场发展报告 2014》进行整理测算。

（三）种业企业盈利能力降低且分化明显

2011 年步入改革期以来，种业企业的盈利能力有所下降。根据《种业市场发展报告》的数据，2013 年的种子企业共实现利润总额 72.09 亿元，净利润 67.12 亿元，比 2012 年分别增长了 4.95 亿元和 3.65 亿元。其中，盈利企业有 3126 家，实现利润 77.64 亿元，亏损企业 965 家，亏损额 5.55 亿元。种业企业的销售净利润在 2013 年是 9.18%，净资产收益率为 7.93%，行业利润率 9.85%，比 2012 年分别下降 0.75%、0.85%和 1.7%。从整体变化趋势看，在 2011 年改革前，种业企业的盈利能力在不断上升，而在 2011 年改革以后，种业企业的盈利能力出现了较大幅度的回落，净资产收益率从 2011 年 12%以上下降为不足 8%。

同时，种业企业分化明显。根据企业盈利水平的数据分析，省部级种子企业的盈利能力相对较高，而县级种子企业的盈利能力变化波动较大。根据目前种子企业的市场盈利占比，部级颁证企业占比 53%，省级颁证企业占比 40%，县级企业占比仅为 7%，且近 5 年随着种子公司总体利润的增长，省部级颁证企业的增长最快，而地县级企业的增长则较为平缓，增幅不大。

第四章
我国种业发展的问题

第一节　我国种业发展的问题分析

一、种业技术创新水平低

（一）种业整体技术创新密集度低

发明专利密集度指标是用于描述技术创新的密集程度常用指标之一。发明专利密集度是指万名从业人员的专利授权数，它反映我国发明专利的密集强度，与产业的增加值、利润率等有着密切关系。高于全国三产平均密集度的产业，成为高发明专利密集度产业，反之则成为低发明密集度产业。根据国家知识产权局 2014 年公布的 2008~2012 年发明专利密集度数据，全国平均发明专利密集度为 13.5 件，低发明专利密集度产业是 2.5 件。而根据《中国农业知识产权创造指数报告 2014》的数据（见表 4-1），2012 年我国万名农业从业人员拥有的专利数仅为 2.8 件，植物新品种权的万名从业人员拥有发明专利数为 0.1 件。分配到种植业，万名从业人员发明专利数仅为 0.5 件，属于低发明专利密集度产业，远低于我国平均水平。

表 4–1　农业知识产权密集指数

单位：件

年份	每万名农业从业人员拥有发明专利数	每万名农业从业人员拥有发明专利和植物新品种数	年份	每万名农业从业人员拥有发明专利数	每万名农业从业人员拥有发明专利和植物新品种数
2000	0.2	0.2	2007	1.0	1.0
2001	0.2	0.2	2008	1.2	1.3
2002	0.3	0.3	2009	1.5	1.6
2003	0.4	0.4	2010	1.8	1.9
2004	0.5	0.5	2011	2.0	2.2
2005	0.6	0.6	2012	2.8	2.9
2006	0.8	0.8			

资料来源：《中国农业知识产权创造指数报告 2014》。

（二）技术创新质量低

1. 种业有效创新少

根据表 4–2，相比其他发达国家，我国植物新品种相关专利的申请成功率仍然较低，甚至出现了下降趋势。如果用审批通过的成功率代表创新的有效性，可以看出，我国的创新有效率还较低。根据表 4–2 对 UPOV 近几年的相关数据统计以及笔者对数据的计算和处理，我国种业新品种研发的创新有效率比美国、日本等国家仍然低很多。就本国不同部门之间的比较而言，企业的新品种申请成功率也低于公共科研机构。尤其自 2011 年种业改革开展以来，不但企业申请新品种审定的数量大幅下滑，且申请被授予的比率也大幅下滑。从 2009 年的 45%下滑为 2014 年的 31%（见表 4–4）。这些数据说明，我国种业技术创新中的无效创新比例有所扩大。

表 4–2　2007~2012 年 UPOV 受理和批准新品种保护数据

单位：件

年份	申请（中国）	批准（中国）	申请（日本）	批准（日本）	申请品种（美国）	批准品种（美国）	专利申请（美国）	专利批准（美国）
2007	877	596	1406	1338	436	327	1049	1047
2008	945	489	1384	1236	425	349	1209	1240
2009	1059	996	1138	1501	502	299	959	1009
2010	1206	666	1038	1404	362	396	992	981
2011	1255	240	1126	1139	252	276	1139	823
2012	1583	336	1110	881	499	276	1149	860
总计	6925	3323	7202	7499	2476	1923	6497	5960

资料来源：UPOV 官方数据库 http：//www.upov.int/databases/en/statistics.html。

表 4–3　1999~2014 年品种权申请情况汇总（分种类）

作物种类	申请数量（件）	授予数量（件）	授予率（%）
大田作物	10411	4072	39
蔬菜	700	180	26
花卉	896	151	17
果树	375	89	24
牧草	12	0	0
其他	51	0	0

资料来源：农业部植物新品种保护办公室，http：//www.cnpvp.cn/。

表 4–4　2009~2014 年以来品种权申请授予的成功率（分来源）

单位：%

单位性质	2009 年	2010 年	2011 年	2012 年	2013 年	2014 年
国内科研	48	51	47	44	41	43
国内企业	45	47	39	34	31	31
国内教学	50	49	44	41	37	41
国外企业	31	34	32	30	13	18
国内个人	16	15	13	15	26	28
国外个人	0	0	03	03	03	05
国外教学	0	0	11	10	9	14

资料来源：作者根据农业部植物新品种保护办公室公布数据测算。

2. 原始创新少

一般技术创新的研究中，尤其注重对原始创新的研究，它代表了创新的质量和对产业发展的推动力。目前，我国种业技术创新成果中，原始创新的比例还较低，大部分是模仿产品，而且并不能算是真正意义上的模仿，仅仅是简单的修饰、改造，创新成分较低。这种低质量的模仿，往往研发周期较短，相比原始创新长达 8~10 年的研发周期而言，简单模仿的研发周期仅需要 2~3 年的时间。因此，很多企业和公共科研机构有极大的动机进行简单模仿创新，实则这种创新是低水平重复的，并不能带来原始创新的效果。以玉米种为例，一直在玉米单产播种面积上排名靠前的“郑单 958”、“隆平 206”等，上市 10 余年还仍然居于销售榜前位，属于真正的原始创新产品，但后来市场上众多的模仿产品，其产量、性能并没有实现大的超越，只能算是低等的模仿，不能算作原始创新，甚至不能算作有效创新。

3. 创新度低

目前，我国植物新品种中通过审定的品种里面，存在着大量的一品多名、多品一名现象，加上审定制度的不完善，通过审定的品种创新度普遍较低，并且以创新度低的商业修饰型品种多，原创性的主控品种少，急功近利型的短线品种多，防御型战略型的原创品种少。

（三）专利寿命短

我国植物新品种的专利寿命较短。根据表 4-5 对我国农业专利寿命的统计，我国种植业发明专利的平均预期寿命仅有 9.4 年，远低于保护期限 15 年，其中教学科研单位专利的平均预期寿命远低于企业专利的预期寿命。

此外，国内发明专利的失效率远高于国外。根据《中国种业知识产权创造指数报告 2014》的内容，截至 2013 年底，国内仍维持有效的农业发明专利占授权专利总量的 75.16%，失效的占 24.84%。但是在失效的发明专利中，有 99.09%是因为未缴纳年费失效，因为保护期届满终止的专利只占 0.51%，远高于国外水平（见图 4-1 和图 4-2）。截止到 2013 年底，国外仍维持有效的发明专利占发明授权总量的 70.65%，失效的占 29.35%。失效发明专利中，未缴年费终止的占 89.48%，因保护期届满而失效的专

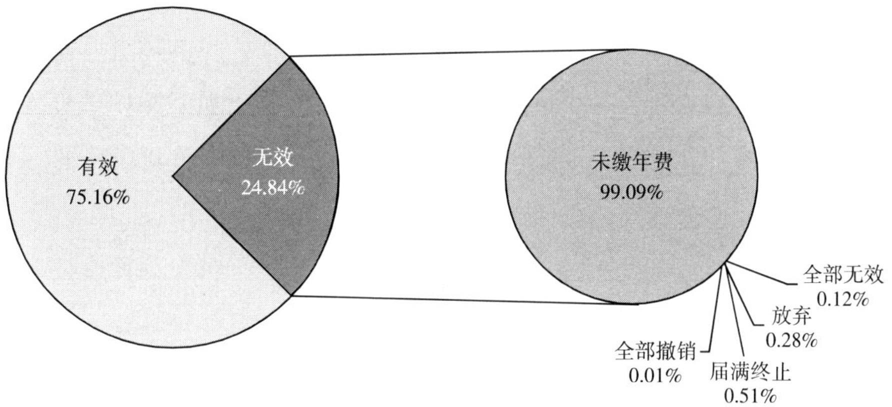

图 4–1　国内专利权人专利状态分布（1985~2013 年）

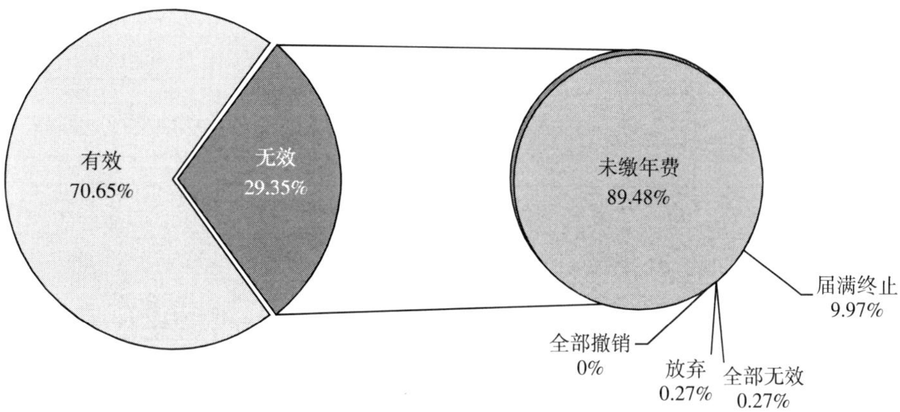

图 4–2　国外专利权人专利状态分布（1985~2013 年）

表 4–5　国内农业发明专利平均预期寿命

行业	平均预期寿命（年）	申请人	平均预期寿命（年）
种植业	9.4	教学科研	10.1
畜牧业	11.4	企业	14.8
食品业	10.4	个人	9.1
渔业	11.3	共同所有	11.8
农化	12.4		
农业生物技术	13.6		

利比例为 9.97%，远高于国内水平。

（四）种业技术创新市场尚未形成

我国处于计划经济向市场经济的转型和深度改革中。对于种业而言，对科研事业单位等公共科研机构的依赖性依然存在，技术创新的市场化发展还缺乏根本的驱动力。由于目前技术创新市场还未形成，市场的资源配置作用还不能得以良好地发挥，导致我国技术创新市场的发展还受到技术的制约，创新无法按照市场需求进行，育繁推脱节。

一是我国未能形成种业创新和管理的人才市场。目前，种业技术创新的人才都在体制内，即所谓的公共科研机构中，向企业等私人部门的流动很弱。因此，对于大部分企业，要想通过新产品来获得市场和利润，必须通过科企合作完成。但由于公共科研机构的强科研资源垄断特征，即便是科企合作模式下，企业的学习能力依旧受限，对于长久培养企业的创新力作用有限。而提高企业学习能力的关键，首先是推动人才的跨部门流动。

二是技术研发过渡到公共部门，导致商业化育种的市场转化率较低。公共科研机构天生应当承担公共性、基础性科研，而非商业科研。但是，由于企业商业化育种的能力较弱，部分工作只能公共部门完成，而公共部门缺乏与市场的连接，导致育种与推广之间的脱节，商业化育种的效率低，市场转化率也低，这解释了为何我国每年通过审核的新品种上百种，但市场上推广品种数量却很少。

三是植物新品种权的市场价值评估缺失。目前，我国进行植物新品种的审定，仅仅考虑品种与品种之间性状、基因组合等生物特性的不同，但缺乏对植物新品种权的市场价值评估，因此，很多商业化推广失败的新品种研究虽然取得了新品种审定资格，但却无法实现其市场价值；一些科技含量不高的高仿品种尽管在生物特性上被确认为“新品种”，但其创新度不够，带来的生产增产效应极为有限，仍然需要获得同等的知识产权保护，增加了我国知识产权执法保护的难度。

二、种业市场结构的问题分析

（一）产业集中度低

相比国际种业市场集中度，我国种业市场集中度处于高度竞争状态。第三章就我国种业集中度的变化情况进行了描述，截至 2013 年，我国营业额前 10 名的种业企业市场份额为 16.3%。根据市场集中度类型的指标（见表 4-6），我国种业的市场集中度处于较高的竞争水平上，还未形成寡占结构。而根据国际种业的发展，2006 年 ISF 的数据显示，产业集中度 CR4 已经超过 30%（见表 4-7），进入寡占市场，加上兼并收购的不断进行，近年来种业市场的集中度进一步提升。

表 4-6　产业垄断和竞争类型的划分标准

类型	CR4	CR8	产业中企业数量（个）
寡占一型	高于 75%		20 以内
寡占二型	65%~75%	高于 85%	20~100
寡占三型	50%~65%	75%~85%	数量较多
寡占四型	35%~50%	45%~75%	数量较多
寡占五型	30%~35%	40%~45%	数量较多
竞争	低于 30%	低于 40%	数量极多，市场不集中

注：该划分标准参考自 Bain（1986）①。

表 4-7　世界主要企业市场份额

全球排名	种业企业	营业收入（亿美元）	市场份额（%）
1	孟山都（Monsanto）	40.28	0.118471
2	杜邦—先锋（Dupout Pioneer）	27.28	0.080235
3	先正达（Syngenta）	17.43	0.051265
4	利马格兰（Limagrain）	14.75	0.043382
5	KWS Land O’	6.15	0.018088

① Bain J S. Structure versus conduct as indicators of market performance: the Chicago-school attempts revisited [J]. Antitrust L. & Econ. Rev., 1986 (18): 17.

续表

全球排名	种业企业	营业收入（亿美元）	市场份额（%）
6	Lakes	5.5	0.016176
7	拜耳生物	4.65	0.013676
8	Sakate Delta	4.1	0.012059
9	Pine Land	3.78	0.011118
10	DLF Trifolin	3.42	0.010059

（二）竞争秩序混乱

“柠檬市场”效应使种业市场秩序混乱，假冒伪劣和侵权行为泛滥。与欧美等发达国家类似，我国正在经历着假冒伪劣产品充斥市场的阶段。市场上大量的套牌种子、假冒种子、散种子，以较低的价格进行销售，甚至将真正投入大量资金、时间进行研发的创新种子挤出了市场。这对于那些私人创新者而言，其创新投入在得到回报之前就被挤出了市场，导致我国种子市场出现了“柠檬市场”的特征。根据黄季焜（2010）、仇焕广等（2013）、张世煌（2013）对我国种子市场的研究和实地调研，证实了我国市场上大量存在的种子侵权行为，已经导致我国种子“柠檬市场”的形成。例如，玉米种的研究结果发现，市场上尽管有品牌多种多样的玉米种存在，但是从根本上看，品种仅有三四个，大部分是雷同、冒牌的种子。以玉米种“郑单 958”为例，尽管“郑单 958”的品种所有权单位仅仅授权了 5 家企业进行销售，但市场上发现的侵权销售的厂家超过 40 家；再以“先玉 335”为例，市场调查发现有 50%以上的在售“先玉 335”品种是假冒产品。此外，我国种子竞争市场上，低质模仿大量存在，将真正的模仿挤出了市场，我国市场竞争秩序更加难以控制。目前类“郑单 958”产品、“吉祥一号”等真正的模仿产品，在上市很短的时间就遭到侵权，套牌大量发展，导致模仿产品销量降低。因此，现在的竞争市场，不但挤出了创新产品，就连真正的模仿产品也一并挤出。

（三）育繁推脱节

由于种业企业规模较小，产业竞争激烈，因此，大部分企业并不具备产品研发能力。因此，产品研发的公共物品属性在我国种业市场中表现得尤为明显，只能由国家公共部门承担，种业企业主要负责产业链中下游的繁育和推广、销售。因此，我国的种业结构存在着明显的育种和繁殖推广之间的脱节。

三、种业企业发展问题分析

（一）企业规模偏小

根据我国对农林牧渔业企业大中小规模的划分标准，销售额在 1.5 亿元以上的企业为大型企业，1000 万元以下的为中小企业。根据笔者对我国 35 家种业企业销售额的统计[①]，2013 年我国种业企业中销售额达到 1.5 亿元以上的企业仅有上市企业 8 家以及新三板企业 5 家，其余都属于中小企业，因此，我国种业企业的平均规模偏小。

（二）高级要素水平低

1. 研发投入强度低

根据第三章对我国重点种业上市公司的研发投入强度的测算，我国种业企业的研发投入强度虽然每年有所提高，但平均水平不超过 4%，与孟山都、先锋等国际大公司每年 10%的研发投入强度相比，我国种业企业研发投入较低。

2. 高级要素获取能力弱

即便是对我国目前规模较大的上市种子企业而言，能够进行研发、创新的高级要素数量仍然较低，且很多种子企业通过外包的形式进行科

① 笔者利用 Wind 数据库对全国种业企业的销售额、资产总额等数据进行搜索，披露该类信息的企业共 35 家，数据显示销售额在 1.5 亿元以上的有 8 家，其余均为中小企业。

研成果买卖，在高级要素的积累、获取方面越来越弱。例如，登海种业将大量研发投资投向了先锋种业等跨国企业，隆平高科等2012年的财务数据显示，其主打产品三个中有两个是从外部购买。万向德农目前经营的品种都来自外购品种经营权。敦煌种业尽管销量较大，但研发投资水平较弱，尽管通过成立研发公司等扩充了研发实力，但总体研发成果表现平平。

（三）纵向一体化发展受阻

1. 政策推动为主

在美国等发达国家，种业企业的育繁推一体化是市场推动的结果。例如，美国通过完善知识产权保护制度，种业企业为了更具有竞争力，通过兼并收购种业研发机构、服务推广机构等发展纵向一体化，实现了利润的大幅增长和竞争力的提升。但是在我国，育繁推一体化企业的出现，主要是政策扶持和推动的结果，其目的在于通过政府扶持一批育繁推一体化企业，带动整个种业市场集中度的提高，以及企业整体研发能力的增强。因此，对于大多数申请育繁推一体化经营许可证的企业而言，其目的是能够获得全国范围内的生产经营权，同时获得育繁推一体化企业相关的政府扶持政策、优惠政策等。而对于研发实力的提高，实则作用较为有限，虽然也有少数企业针对育繁推一体化企业的申请条件增加了科研资产和人才等投入，有些企业还进行了研发机构的兼并收购，但这种政策鼓动下的阶段性投资并不具有可持续性，因此无法实现对大型种业企业进行真正“纵向一体化”经营的推动作用。

2. 兼并收购形式主义居多

为了推进种业企业的兼并重组和资源整合，并且鼓励种业企业进行技术研发和创新，2013年国务院出台的《全国现代农作物种业发展规划（2012~2020年）》中提出，加大对育繁推一体化龙头种子企业的资金投入和项目扶持，并且在2012年，国家发改委启动的生物育种和育种产业化专项中，对41家种业企业投资达3.36亿元进行扶持。另外，财政部、农发行、中化集团等还共同组建了现代种业发展基金，拿出资金15亿元用于支持种业企业的兼并收购和重组。此后，种业企业之间的兼并收购活动加速，例如，中种集团以2.8亿元兼并6家种子企业；北大荒垦丰集团整合了所有的种子企业，并重组为垦丰种业集团；荃银高科也通过市场募集资金，兼并了多家企业。还有，企业为了达到育繁推一体化企业的基本要求，通过兼并收购研发机构的方式，达到育繁推一体化企业经营许可证。但是，在实际的生产经营活动中，这些兼并收购的企业之间融合度不够，还存在着各行其是的情况。尽管自新一轮种业改革以来，随着国家投资扶持力度的加大，种业企业的数量降低了30%以上，且仍然呈现减少趋势。但是，在如此大投资、大整合的背景下，种业企业兼并收购并没有全部实现"一体化"经营，主要表现在企业的兼并收购行为并不是"一体化"为导向的兼并收购，大多数企业兼并收购的对象是种业生产企业或销售企业。例如，中农发种业兼并收购了山东德惠丰种业、河南黄泛区地神种业，以及内蒙古通辽金山种业，其实质是扩充了其经营范围和产品线，是一种横向的兼并收购，而非纵向的整合，不能称之为一体化。

（四）大型种业企业盈利能力下降

根据理论分析，企业实施纵向一体化能够增强其盈利能力，否则，纵向一体化战略并不一定是企业的最优战略选择。但是，根据本书对我国部分育繁推一体化种业企业的实际盈利能力数据的统计（见表4-8），除了隆平高科、登海种业的净资产收益率呈现曲折上升态势外，其他上市企业，同样也是育繁推一体化企业的盈利能力明显减弱，敦煌种业、中农发种业和万向德农近年来的盈利率一直是亏损状态。这说明，这些育繁推一体化企业近年来的经营结果并不乐观，要么是一体化经营模式还没有形成，主要表现在科研与繁殖推广之间的脱节；要么是一体化经营对于某些企业并不适合。根据张世煌（2013），如果剔除与先锋种业合资的助力，则登海种业的经营一直是暗中亏损的，尽管其“超级技术”赢得了很多投资资金，但是一直坚持研发很明显拖累了其盈利能力，对这家企业来说，“育繁推一体化”已成为包袱。

表 4-8　我国主要种业上市公司的净资产收益率

单位：%

时间	隆平高科	登海种业	敦煌种业	丰乐种业	中农发种	荃银高科	万向德农	神农大丰
2009 年 6 月 30 日	3.25	9.3	–5.34	5.92	–0.94	17.81	8.04	12.98
2009 年 12 月 31 日	5.21	13.16	4.96	12.27	–6.26	48.32	12.14	17.59
2010 年 6 月 30 日	2.15	17.97	0.2	13.51	–2.1	7.33	8.13	14.45
2010 年 12 月 31 日	7.72	24.74	12.5	15.74	10.71	9.2	12.32	19.56
2011 年 6 月 30 日	5.17	9.83	–3.2	4.49	0.22	0.7	10.53	5.87
2011 年 12 月 31 日	13	22.57	1.46	4.89	1.54	3.89	21.68	5.74
2012 年 6 月 30 日	7.02	5.96	–14.2	2.26	0.42	0.88	8.95	3.79
2012 年 12 月 31 日	14.94	20.81	–12.3	5.68	3.73	3.99	20.35	4.59
2013 年 6 月 30 日	8.26	10.77	–7.03	1.11	–0.23	–1.76	2.1	3.22
2013 年 12 月 31 日	14.62	22.6	1.75	4.54	4.03	1.35	–9.09	2.88
2014 年 6 月 30 日	8.02	9.42	–13.6	1.12	–0.25	–0.65	–4.75	0.54

资料来源：根据以上上市公司的财务半年报、财务年报数据测算。

第二节　种业制度约束对问题的解释

一、种业科研体制对技术创新的约束

（一）产业技术溢出与技术创新资源优化配置

产业技术溢出约束产生的主要原因在于企业研发主体地位的缺失。目前，我国种业的技术创新和研发主体主要以研发机构为主，企业的创新研发能力较弱，而科研机构的研发成果无法与种业企业的商业化进行衔接，从而导致育种与繁殖推广之间的脱节。这导致两个结果，一方面，研发能力较弱的企业缺乏渠道进行商业化育种技术的学习；另一方面，研发能力较强的种业公共研发机构无法将其成果转化为生产、销售的商业化种子。因此，种业企业研发的发展一直发展缓慢，而公共科研机构的研发成果虽多，但商业化程度受到限制，很多成果无法实现生产和销售。因此，种业的技术溢出，需要改变现有的种业技术创新体系，由公共科研为主导转化为企业为主导，并形成技术创新的市场化溢出。

根据技术溢出的理论研究，技术溢出的渠道多种多样，包括专业人才流动带来的技术溢出、提高 R&D 投资的技术吸收能力来提高技术溢出（如开展产学研、科企合作、企业之间的合作等）、完善知识产权保护等政策制度以确保技术的溢出。但无论从哪个层面看，提高种业技术溢出强度，最根本的是实现技术创新资源的优化配置。就我国当前种业发展的现状而言，提高技术溢出，培养种业企业的技术学习能力，需要同时注重两方面的技术溢出：一是企业之间的技术溢出，即企业之间通过开展合作创新来增加技术溢出和学习，从而提高整个产业的技术溢出，提高企业的总体技术创新能力。二是需要引导资源从公共科研部门流向种业企业，实现创新技术和知识从科研部门流向企业，提高企业的自主研发能力，培养种业企业的研发主体地位。据此，本书以种业技术创新资源的优化配置为切入点，研究种业技术创新体制的改革，以提高行业的技术溢出，增强企业技术创新能力。

该部分将应用博弈论的方法，分析当前科研体制下我国种业企业之间、种业科研机构与企业之间技术创新资源配置困境形成的技术溢出约束，解释当前科研体制下中国种业技术创新困境形成的原理。

（二）我国种业科研体系对种业技术创新资源的分配机制

1. 我国种业科研体制改革进程

当前的研发体系下，研发由公共科研机构承担（见图 4-3）。以前的种业研发主要依靠国家政府主管部门拨款到公共研发机构，等繁育出新品种以后，通过拍卖转让给制种企业，或者通过科研院所自己设立的子

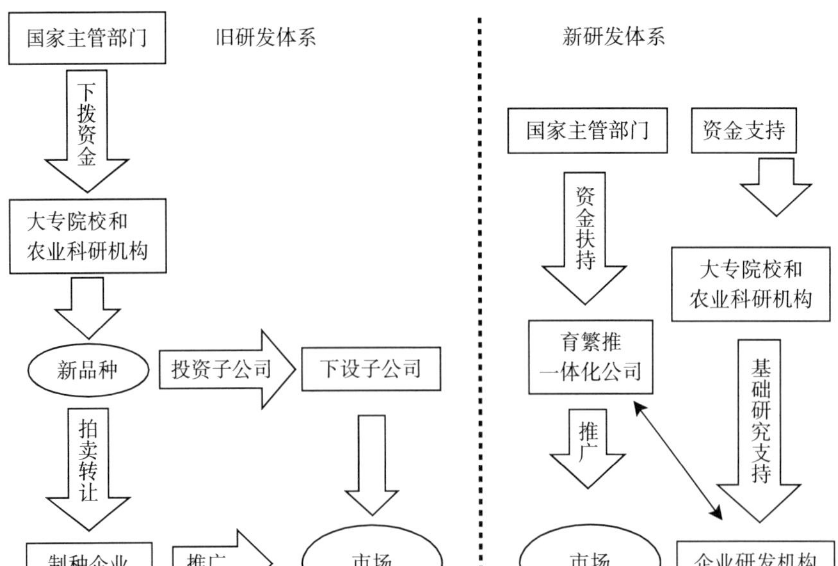

图 4-3　我国改革前后种业科研体制

公司进行制种推广到市场。这种研发体系下，研发由公共部门完成，企业具备极低的研发能力，只能购买公共研发机构的研究成果，进行商业化推广。但由于科研机构无法准确了解市场供求情况、农户种植和品种适宜情况，因此科研机构研发的成果商业化难度大，造成了育种科研与繁殖推广之间的脱节。

新一轮种业改革以来，国家试图建立新的研发体系，让育种研发进一步市场化。目标科研体系主要针对商业化育种的育繁推脱节问题。政府主管部门将资金拨给育繁推一体化企业，由育繁推一体化企业内部的研发部门或研发企业为企业进行商业化育种，以解决育繁推一体化脱节的问题。与此同时，公共研发机构主要进行基础研究支持，为企业或商业化研究机构进行商业化育种。目前，在一些研发实力较强的大型种业企业中，育繁推一体化的育种研发体系已经发挥了较大作用，例如隆平高科、荃银高科、丰乐种业、万向德农等公司，已经初步印证了新型研发体系的改进之处。但是，新型育种研发体系的建立还需时日，目前我国主要处在由旧科研体制向新科研体制转型的关键时期，大部分企业仍然延续旧研发体制进行种业育种创新。

2. 不同科研体制下的种业技术创新资源配置

种业技术创新资源的类别主要包括人才、技术、专用资产投资（R&D），这里将其称之为种业技术创新资源配置的客体，它们在实际的种业发展过程中，依据一定的国家政策、制度、市场供求等，被分配到不同的主体。这些主体主要包括政府、种业公共科研机构、种业企业、金融机构、农户。在整个创新资源的分配过程中，国家政策、制度和市场作用决定了不同主体在资源配置中的优势和地位，从而经过多主体之间的利益博弈，共同呈现出当前的种业资源配置结果。

在旧有的科研体制下，种业技术创新资源的配置出现了割裂，无法实现资源由公共主体向私人主体的流动，从而造成公共部门的技术创新垄断。改革后的目标技术创新体系希望能够改变这种资源流动的束缚，必然要打破公共科研的技术垄断，实现种业企业对技术创新资源的获取。

而不同的科研体制下，种业技术创新资源配置的主体博弈结果有所不同。为探讨我国种业技术创新困境的原因，本书对技术创新资源承载主体之间的博弈行为进行分析，分析旧有科研体制下技术创新资源配置失败的原理，并探讨实现资源优化配置的突破条件。

（三）我国种业科研体制影响技术创新的理论解释

本书对种业技术创新资源配置中种业企业之间的博弈行为进行分析。先将博弈双方分为两类，分别包括两个同质企业，以及两个异质企业（孙景翠等，2012），其在技术创新方面的策略组合分别都包括合作、不合作。因此，种业企业之间的博弈如下。

1. 种业同质企业技术创新合作困境的博弈分析

鉴于当前我国种业市场集中度较低的情况，大部分企业的研发能力较弱，规模较小，这里假设种业市场上只存在两个企业，且两个企业都是规模较小、研发力较弱的企业。现根据农户的需求，需要进行一种新型种子产品的育种，而两者不具有独立科研育种的能力，因此需要双方就当前的研发资源、人才资源、资金或信息资源进行合作配置进行研发。若该项育种研发技术需要投入额为 C，在完全的知识产权保护下，研发的回报为 R，则如果 A 企业和 B 企业选择合作研发，则 A 企业和 B 企业分别支付育种研发额 0.5C 和 0.5C，两企业均能获得利润 R，且这里假定 C>R>0.5C>0，即单独依靠一个企业进行研发是不能完成的。如果 A 企业和 B 企业不进行合作研发，则依旧选择进行育种研发的企业需要独立支付研发投入 C，获得研发育种的收入为 R，则独立支付研发的企业获得的收益为 R−C<0。同时，不合作企业会因为技术溢出而得到收益 VR。如果双方企业都选择不合作，则最终双方的投入和支出都为零。则整个博弈过程以及博弈的支付矩阵可如表 4−9 所示。

表 4-9　同质企业博弈矩阵

企业 B			
		合作	不合作
企业 A	合作	R-0.5C，R-0.5C	R-C，VR
	不合作	VR，R-C	0.0

根据表 4-9 支付矩阵的情况，在完善的知识产权保护条件下，市场上同质种业企业之间进行合作研发的博弈，则两个企业的最终占优均衡策略与企业之间的技术溢出强度 V 有着直接的关系。

当 V = 1 时，该博弈最终是一个典型的囚徒困境，即双方的占有策略都是选择不合作，最终导致同质种业企业之间的研发结果为（不合作，不合作）。

当 V < 1 时，如果 VR < (R - 0.5C)，则对于 A 企业和 B 企业而言，不存在占优策略均衡，但是存在混合策略纳什均衡，即（合作，合作）以及（不合作，不合作）。

当 V < 1 时，如果 VR > (R - 0.5C)，则该博弈同样存在占优策略均衡，双方最终都会选择（不合作，不合作）。

因此，对于大部分同质种业企业，合作研发最终会以囚徒困境宣告失败。而只有行业的技术溢出水平满足一定条件时，同质企业之间才能够在一定的契约约束或外界干预下，达成（合作，合作）的条件。

这解释了为什么我国大部分种业企业研发水平较低或为零，即便是一些规模较大的上市企业、新三板企业，其研发资产、研发投入的数据披露也常常是空缺的，或者是不明晰的。发生这种囚徒困境式技术创新困境的原因可能有两种。一种可能是，大部分种业企业的技术创新资源含有量太少，即便双方有合作的想法，但无法提供足够的研发投入进行育种研发投资。另一种可能是，即便双方都具有实力进行育种研发投资，但在技术溢出水平比较大的情况下，不参与育种研发投资的企业也能够通过学习来获得一定的创新投入，因此，这就会导致囚徒困境的发生，双方都会选择（不合作，不合作）。对于同质企业之间，当行业技术溢出满足一定条件时，需要外力的激励和引导，才能够帮助同质企业之间合作科研突破囚徒困境。

2. 种业异质企业（组织）的技术创新博弈

对于育种研发条件、规模、技术资源悬殊的两个企业（组织），本书称之为“异质企业（组织）”。当市场上仅有两个异质企业存在时，其中具有研发优势的企业命名为 C，研发劣势企业命名为 D，现假设有某项市场需求的育种研发项目，假设双方合作进行该研发项目的研发，则能够带给 C 企业以 R 收益，而带给劣势企业 D 的收益为 r，且合作情况下，双方需要为研发付出的成本为 0.5C 和 0.5c。如果仅有优势企业 C 单独进行研发，则研发成本为 C，如果只有劣势企业 D 单独进行研发，则研发成本为 c。其中，$R > C > r > 0$，且 $C > c > 0$。则两个公司的博弈支付矩阵如表 4-10 所示。

表 4-10 异质企业博弈矩阵

		企业 D	
		合作	不合作
企业 C	合作	R-0.5C，r-0.5c	R-C，Vr
	不合作	VR，r-c	0，0

当 $V = 1$ 时，异质性企业之间的技术创新博弈，是一个典型的智猪博弈模型。根据支付矩阵两个企业的策略支付可以看出，对于劣势企业 D 而言，不论优势企业 C 是否参与合作科研，其占优策略都是不合作。而对于优势企业 C 而言，其参与该博弈并不存在占有策略解。这种博弈的纳什均衡，必然会造成两种结果：一是劣势企业在种业研发过程中会选择搭便车，二是优势企业为了自身的发展，如果选择（合作，不合作）能够使优势企业获得更长远的发展，即 $R > C$，则优势企业会选择纳什均

衡解，即进行育种研发。

当 $V < 1$ 时，如果 $VR > (R - 0.5C)$，则最终双方都会选择（不合作，不合作），这就是一个典型的囚徒困境模型，最终的博弈均衡会以双方企业都放弃种业技术创新为终。

当 $V < 1$ 时，如果 $VR < (R - 0.5C)$，则如果 $r - 0.5c > Vr$，则对于优势企业 C 而言，在这场博弈中占据主动权，如果 C 选择合作博弈，则劣势企业 D 也会选择合作。如果 C 企业选择不合作，D 企业也会选择不合作。因此，最终双方是否能够实现合作研发，取决于 C 的考虑。

当 $V<1$ 时，如果 $VR < (R - 0.5C)$，而且同时 $r - 0.5c < Vr$，该博弈又变成了智猪博弈模型。这里，劣势企业与优势企业共存的情况下，如果双方均衡策略为（不合作，不合作），则优势企业进行独立研发从而获得企业的发展，对于劣势企业而言，永远无法实现自主研发能力的提升和知识的积累，而优势企业为了自身企业的发展，则会不断进行研发创新，从而拉大了优势企业与劣势企业之间的差距，不利于种业技术创新的溢出和扩散。如果双方均衡策略为（合作，不合作），劣势企业永远都会选择搭便车，那么优势企业多提供育种研发投入，并且带动劣势企业自主研发实力的提升，以及整个社会的帕累托改进。

综上分析，对于优势企业和劣势企业之间的技术创新而言，技术溢出水平过大或过小，都无法促成双方选择（合作，合作）这一均衡结果。而且即便技术溢出处于合适的水平，优势企业都对研发决策起关键作用。因此，对于劣势企业和优势企业之间的合作创新行为，是否能够达成，取决于优势企业 C，且与行业的技术溢出水平 V 有关。只有在 V 满足比较苛刻的条件下，才有可能自发实现（合作，合作）的博弈结果。对于大部分情况，优势企业和劣势企业之间的合作创新，同样需要政府等外力引导，通过对优势企业进行补贴或优惠，促进优势企业与劣势企业之间的合作科研，从而实现优势企业带动劣势企业进行研发活动。

在旧有的科研体制下，种业公共科研机构的研发能力远大于一般种业企业。因此，在进行技术创新的过程中，公共科研机构与一般种业企业之间构成异质性企业（组织）的博弈模型，根据最终的演化博弈情况，种业科研机构与种业企业之间的合作创新博弈，最终都会以科研机构为主导，种业企业选择免费乘车为结果。只有当种业科企合作模式下的技术溢出强度满足一定条件，才能够促成（合作，合作），从而实现技术创新知识、资源的流动。

3. 政府行为对科企合作技术溢出困境的分析

大部分情况下，科企合作还需要考虑政府政策的因素，三者之间互相影响，共同决定均衡结果。最早关于该方面的理论来自于 Henry Etzkowitz（1997）提出的三螺旋模型，认为创新的结构是政府、大学或公立科研机构、企业三方创新主体在保持独有的身份外，还可以完成两两之间的合作，克服了产学研、产学合作中对政府因素的忽略（孙景翠等，2012）。

现假设社会中有一家种业企业、一家公立科研机构，则企业、科研机构、政府之间就是否参与合作研发进行博弈。在这个博弈中，进行研发合作的双方是企业和科研机构，同时，政府可通过政策行为促成科企合作或不干涉科企合作。对于这个博弈中的各主体而言，各自的博弈策略组合情况如下：

对于公共科研机构而言，可选择合作研发、不合作研发，政府可选择积极促进科企合作、不管理科企合作；企业同样可选择合作研发、不合作研发。假设公共科研机构选择就某一项种业研发项目与企业进行合作，则对于公共科研机构而言，这项研发可带来收益为 P_1，企业通过这项研发可获得的收益为 P_2；如果政府政策能够促进科企合作的完成，则公共科研机构和企业分别得到额外的收益为 R_1 和 R_2，如果政府政策不利于科企合作完成，则公共科研机构和企业要付出相应的损失，分别为 C_1

和 C_2。则假设政府有 P 的概率选择会干涉科企合作，有 1–P 的概率对此不作为，则在作为的情况下，政府进行干预需要付出的成本为 G，而如果科企合作成功（概率为 Q），政府可获得的收益为 R_1+R_2-G；当科企合作不成功时（概率为 1 – Q），则政府损失为 $-C_1-C_2-G$。如果政府对种业科企合作不予干涉（概率为 1–P），则先假设政府的政策有助于种业科企合作的概率为 P，则公共科研机构、企业、政府之间的支付矩阵可如表 4–11 所示。

表 4–11 企业、政府、公共科研机构博弈支付矩阵

		政府		
	策略	作为（P）		不作为（1–P）
		促进科企合作（Q）	抑制科企合作（1–Q）	
公共科研机构与种业企业	合作（q）	P_1+R_1	P_1-C_1	P_1
		P_2+R_2	P_2-C_2	P_2
		R_1+R_2-C	$-C_1-C_2-G$	$-C_1-C_2$
	不合作（1–q）	0	0	0
		0	0	0
		–G	–G	0

混合策略的纳什均衡可如下求得。

在科企合作以 q 的概率成功的情况下，政府有作为和无作为的收益分别为 U_1 和 U_2。

$U_1=q[P(R_1+R_2-G)+(1-P)(-C_1-C_2-G)]+(1-q)[Q(-G)+(1-Q)(-G)]$;

$U_2=q(-C_1-C_2)$。

令 $U_2=U_1$，则可得政府作为的概率 $q^*=G/Q(R_1+R_2+C_1+C_2)$。

政府有作为时，科企合作和不合作的情况下，科研机构所得的收益分别为 U_3 和 U_4。

$U_3=P[Q(P_1+R_1)+(1-Q)(P_1-C_1)]+(1-P)P_1$；$U_4=0$；$U_3=U_4$，可得：

$P^*=P_1/C_1-Q(R_1+C_1)$;

企业在政府有作为时的纳什均衡的 $P^{**} = P_2/C_2 - Q(R_2 + C_2)$。

因此，科企合作下的混合策略纳什均衡解如下：

$q^* = G/Q(R_1 + R_2 + C_1 + C_2)$；$P^{**} = P_2/C_2 - Q(R_2 + C_2)$

$q^* = G/Q(R_1 + R_2 + C_1 + C_2)$；$P^* = P_1/C_1 - Q(R_1 + C_1)$

因此，科企合作是否能够成功，与政府政策是否作为、合作收益情况有关；而政府是否会对科企合作进行干预，则取决于政策成本大小和因为其干预所带来的社会收益大小。

（四）科研体制约束技术溢出的几个方面

技术外溢并不会主动产生，因为它有可能会导致技术研发者的收益无法最大化。就我国种业技术创新而言，研究机构在技术创新上的强垄断地位限制了技术向企业外溢，导致企业创新学习成本高，打击了企业创新行为。

1. 政府干预缺位

主动的技术溢出需要通过科研强势单位与科研弱势单位之间的交流及合作才能够实现。要想突破种业企业之间合作创新的低效率现状，推动科企合作的成功，政府的作用至关重要。根据上文的博弈分析，不论是同质企业之间要突破囚徒困境，还是异质企业之间促进优势企业带动劣势企业进行研发创新，抑或推进科企合作，政府政策措施的激励对企业、科研机构的博弈策略的选择、博弈的均衡都有着极大影响作用。因此，要想促进种业技术创新体系的改革，实现种业技术创新资源的优化配置，种业科研创新体系的改革应注重以政府为主导，实现资源从公共领域向私人领域的流动，以及私人领域之间的互相流动。然而，目前政府对我国种业企业研发合作、科企研发合作的推动作用并不明显，这种缺位是我国无法突破合作创新困境的重要原因之一。

2. 公共科研机构不当竞争

第一，公共科研机构与企业之间形成了不正当的竞争关系，其中公共科研机构在技术创新的竞争中处于垄断优势地位，而企业则处于劣势地位。由于我国处于转型的非常时期，公共科研单位具有天然的资金优势，也具有较多的创新积累和创新人才。在市场化初期，企业不具有市场化研发的能力时，公共科研机构便开始插足商业研发市场，从而形成了垄断地位。如果将公共科研机构看作是一个理性的主体，为了维护垄断收益，公共机构会对信息和资源进行封锁，从而减少了企业的技术创新提升路径，增加了其学习成本。

第二，公共科研机构以公共资金为基础参与市场化研发，变相地增加了企业技术创新的成本。公共资金是用于进行公共科研、基础科研的，其成果是应该面向公众公开的。但是，目前很多公共科研机构通过公共资金进行市场化研发，而企业要想做研发需要大量筹资才能够完成，因此，公共科研机构和企业之间形成了资金市场的不正当竞争，自然有助于公共科研机构垄断地位的形成。

二、知识产权保护制度的约束

（一）种业知识产权最优强度的规范性分析与测算

世界各国都对知识产权保护（IPR）尤为重视，因为知识产权保护不但能够保护知识产权创造者的利益，同样赋予了知识产权创造者以垄断的福利。因此，世界各国对于知识产权保护带来的福利变化尤为关注。目前，对于知识产权最优保护强度的研究文献较多，但针对种业的较少。根据笔者阅读的相关研究文献，先锋种业与爱荷华州立大学联合进行的种业知识产权保护强度的理论研究及模拟分析，为种业知识产权最优保护强度的分析提供了一个合适的框架。该分析考虑了种业技术创新不同于其他行业技术创新的特征，考虑了种子市场消费者与需求者特征的不同，从福利经济学的角度探索了种业知识产权保护的最佳保护时间、针对不同农作物种子品种的最佳保护强度。这里对我国未来种业知识产权改革的规范性标准进行简要说明。

1. 种业市场知识产权最优强度的测算原理

私人部门对种业研发的投入需要具备一定的条件，即私人部门的种业研发投资能够获得相应的回报，且投资的回报不但能够弥补其研发成本，最好还能够带来市场势力一定程度的提高。最终，知识产权保护下的均衡，是种业技术研发部门、农业生产者和农业消费者三者之间的福利均衡。

种业研发与其他生物医疗行业的研发不同，一般传统行业的研发，其消费者可直接获得研发收益，但对于种业而言，其消费者是农户，他们只能通过将生产的农产品卖出才能够获得收益，且不同于一般产品市场，农产品市场往往是竞争性的市场。农户可以选择留种或者购买种业企业研发的新品种，决策关键在于新品种上年的收成是否比自留种收成要高。当新品种的产量高于自留种产量时，农户才会选择购买新品种，因此，对于种业企业的研发投入所生产的新型种子，消费者中只有一部分会选择购买并获得其研发投资的部分收益。因此，要想研究种业知识产权保护的最优强度，就要研究三部门的均衡。

Lence 等（2002）的研究检验了不同的知识产权保护制度下，对生产者和消费者福利的影响。整个种子市场需要达到三个市场的均衡，分别包括 R&D 市场、消费者市场、生产者市场。其中，R&D 市场的均衡是指所有进行 R&D 投资的企业能够以最优的方式展开与其他企业的竞争；生产者市场的均衡是指种子消费市场的均衡，即购买创新品种的农户获得的收益与创新品种的价格相匹配；消费者市场的均衡是指农产品市场的均衡，即通过使用创新品种的农产品生产成本和生产率最终能够反映在农产品价格上。只有在三个市场分别满足均衡条件时所算出的知识产权保护强度，才是社会最优保护强度。

2. 基于三市场均衡的种业知识产权福利分析

先假设企业在时间 0 点决定进行一项投资，用于开发某种创新的种子产品 X1，并且在时间点 t 点，市场上率先研发出种子产品 X1，并申请植物新品种保护或专利保护，享受时间为 T 的知识产权保护。在 t + T 时间，知识产权保护过期，其他的公司同样可以利用该成果进行 X1 产品的生产和销售。

假设现有种业知识产权保护制度的保护强度为 $\mu = \mu_{IPR} + \mu_{cost}$，其中知识产权保护强度 μ 代表了种业创新研发企业研发的新品种 X1 卖给农户后能够带给种业企业的收益水平，μ_{IPR} 代表知识产权保护水平下通过售出产品带来的企业收益，μ_{cost} 表示知识产权转让或模仿带来的企业收益。

在（0，t）期间，X1 品种研发还未完成，研发收益为 0。在（t，t + T）期间，X1 品种研发完成并投入市场，由于在知识产权的保护下，因此，种业技术创新的研发投入回报为 $\mu = \mu_{IPR} + \mu_{cost}$，而在 t + T 时刻以后，也就是知识产权保护期限过了以后，种业企业无法享受知识产权保护，其研究成果可以公开供其他企业使用，则企业只能获得 μ_{cost} 的收益。

现在假定 X1 品种是对旧品种 X0 的改进，用 z 代表生产的其他投入，则农民使用 X1 和 X0 的生产函数分别为 $f(x_0, z)$ 以及 $f(x_1, z)$，改进系数为 α，即 x_1 品种比 x_0 品种的产量改进 α%。农户使用新品种和旧品种的收益函数分别为 $\pi_0(p, w_0, r)$；

$y^* = \partial\pi_0(p, w_0, r)/\partial p$，如果 $\pi_0(p, w_0, r) > \pi_1(p, w_1, r)$；

$y^* = \partial\pi_1(p, w_1, r)/\partial p$，如果 $\pi_0(p, w_0, r) < \pi_1(p, w_1, r)$；

y^* 取 $\partial\pi_1(p, w_1, r)/\partial p$ 和 $\partial\pi_0(p, w_0, r)/\partial p$ 的交点，其中 p 为产出 y 的自变量，w_1 和 w_0 是 X1 和 X0 的价格变量，r 为其他投入要素的价格变量，最终，农户的决策为：$\mu \in [1.0, 1.6]$。消费者市场的均衡价格最终取决于霍特林法则的结果：

$y^* = \partial\pi_0(p, w_0, r)/\partial p$，如果 $\pi_0(p, w_0, r) > \pi_1(p, w_1, r)$；

$y^* = \partial\pi_1(p, w_1, r)/\partial p$，如果 $\pi_0(p, w_0, r) < \pi_1(p, w_1, r)$；

y^* 取 $\partial\pi_1(p, w_1, r)/\partial p$ 和 $\partial\pi_0(p, w_0, r)/\partial p$ 的交点。

据此，可算出最优产量下的价格和农产品需求函数。

根据霍特灵法则，需求函数可算出对应的 X0 和 X1 的需求量。要想实现农产品生产市场和消费市场的均衡，最终取决于农户对旧有产品 X0 和新产品 X1 的使用情况。如果生产者生产良种农产品的成本分别为 c_0 和 c_1，最终拥有知识产权的企业的市场势力 μ 以及生产成本 c_1 最终决定新产品 X1 的市场价格，从而决定市场的均衡。

3. 种业知识产权保护的最优强度模拟结果

根据 Lence 等（2002）对种业知识产权保护强度的测算结果，市场利益相关者的福利变化与以下因素有关：农产品的供给弹性和需求弹性、知识产权保护周期 T、创新产品带来的产量增加系数 α，以及市场利率、知识产权侵权成本 μ、创新产品和旧产品的替代率 σ，以及生产旧品种农产品和生产新品种农产品的成本比率。

根据作者的研究结果，种业知识产权保护强度的大小与创新技术本身的创新程度、新产品对旧产品的替代率等相关，还与市场宏观利率、知识产权受保护的年限、农产品本身的市场供求弹性等市场宏观因素有关。通过对一系列方程的软件模拟结果看，知识产权强度与社会整体福利之间的变化关系，考虑 R&D 投资企业与消费者、生产者的福利之间此消彼长的关系，可得出最优知识产权保护年限为 17 年，而知识产权执法强度为 $\mu \in [1.0, 1.6]$。

因此，要想实现知识产权强度下的福利最大化，除了与农产品供给弹性和需求弹性、市场利率、知识产权保护周期等法律规制、宏观经济因素有关，关键在于知识产权侵权成本、创新的质量。其中，创新的质量可由如下因素进行衡量：创新种子带来的产量增加、创新产品对旧产品的替代、创新产品相对旧产品的生产成本等。

（二）种业知识产权制度约束技术创新

对于知识产权最优强度的争论历来较为激烈，这主要考虑到知识产权与技术溢出、技术扩散之间的关系，以及知识产权保护与技术创新回报之间的关系。如果知识产权保护强度过高，则技术创新能够得到较高的社会收益和回报；但是，过强的知识产权保护可能会阻碍技术的溢出和创新，从而造成市场垄断，美国就是一个例子。因此，对于发展中国家而言，要想促进产业的发展，不仅需要确保技术创新成果得到一定程度的保护，同时还应当给予后进企业以学习提高的技术溢出渠道，这需要寻求一个合适的知识产权保护最优强度。根据上文对我国种业知识产权保护强度与我国种业技术创新产出之间的理论分析和实证分析，种业知识产权保护的强度仍需进一步增加。同时，由于种业技术溢出水平低于社会技术溢出水平，在提高知识产权保护强度的同时，还应当注重种业技术溢出水平的同步提升，激励劣势企业进行技术研发水平的提升。因此，该部分探讨种业知识产权保护制度改革主要从两个方面切入：一是知识产权保护强度水平进一步提升；二是技术创新溢出强度有待提高。

当技术创新的外溢效应越强，其公共物品性质就会越明显，从而私人部门创新乏力。因此，如果一个社会的技术创新外溢强度较高时，私人技术创新可以被竞争对手以较低的成本学得，社会上的免费乘车者就会增加。如果一个社会不能有良好的制度和机制来解决外溢强度过大带来的技术创新外部性，又没有补偿机制补偿创新者，这会将私人技术创新挤出市场，最终的技术创新仅能够依靠公共部门提供，私人部门只是作为公共研发成果的免费乘车者。目前，我国种业市场的状况就可以用公地悲剧的现象解释。市场秩序混乱，劣币驱逐良币的“柠檬市场”环境下，我国种业制度没有抑制技术外溢效应，对创新者缺乏补偿，从而导致创新的私人收益低于社会收益，这也是形成“柠檬市场”的直接原因。

第一，我国一直以来实施的新品种审定制度暴露出很多不足。新品种审定依靠国家部门依据一定的标准进行审定，是由公共权力控制的行为，由于存在寻租空间，寻租成本很低的情况下，寻租必然损害技术创新人员的积极性。尽管品种审定的存在目前来说仍然是必要的，但审定中表现出的审定主观性、周期长、手续复杂等成为侵权、造假的保护伞，区域试验和审定程序中普遍存在“拉关系”、“做工作”等寻租行为，导致审定中存在重复性审批、雷同产品的审批等不公平现象，扰乱了市场机制。

第二，我国种业市场监督机制、惩罚机制建设还处于初级阶段，未能给假冒伪劣、套牌行为设置足够的违规成本。一方面，各地方的管理机构设置的进入门槛较低，市场上出现了很多不法企业从事假冒伪劣种子生产和销售，甚至将创新产品的企业挤垮；另一方面，由于我国的知识产权执法不够严格，制度设计不够合理，存在多头监管的问题，对市场上侵权行为的执法不够严格。在这种环境下，侵权行为的相对成本还是能够获得更高的利润，因此，冒着违法风险侵权的行为依旧泛滥。

（三）种业知识产权制度约束企业竞争力

第一，种业知识产权保护强度低，企业产品同质化竞争，长期价格战降低了企业盈利能力。知识产权是形成企业核心竞争力的主要因素（余翠玲，2008）。企业的竞争力源于其所提供的产品或服务的独占性和不可效仿性。一个国家的知识产权保护制度，对企业的专利、商标等无形资产依法提供保护，并使这些企业无形资产具有排他性。如果一个国家的知识产权保护制度无法对企业的知识产权进行保护，则纵容企业的竞争者以较低的成本获取其无形资产信息，等同于将企业产品或服务的独占性和不可效仿性夺去了，从而降低企业的竞争力。对于一个对知识产权没有进行适当保护的市场，企业的研发投入、知识产权产出等不再具有排他性，而是具有公共物品属性，从而造成免费乘车者研发活动热情的降低，而将竞争扩散到低端市场，价格战变成低端恶性竞争的常用手段，限制了企业的盈利能力。

第二，知识产权执法力度不够，市场恶性竞争严重，企业规模扩张乏力。知识产权保护是法律制度的一个方面，因此，实际的知识产权保护程度与知识产权执法力度有着密切的关系。尤其是伴随着我国加入Trips协议，知识产权保护方面的立法已经逐步完善。然而，种业市场仍然存在的劣币驱逐良币现象实则是知识产权执法效果不如意的直接反映。由于我国种业知识产权保护执法不具连贯性，并未给侵权行为设置足够的成本，因此种业企业的投机行为严重，市场违规行为泛滥。过强的市场竞争必然导致种业企业规模扩张乏力，企业多是被动的价格接受者，依靠假冒伪劣谋取不法利润，不能维系企业的规模扩张。

（四）种业知识产权制度约束产业结构优化

第一，弱知识产权保护导致“柠檬市场”。知识产权保护制度健全的情况下，企业需要支付高于原创企业原创成本的价格购买知识产权并进行学习和模仿。在知识产权并不健全的情况下，拥有创新技术的企业就无法获得知识产权收益，而仿冒的风险和成本很低，加之农民对产品的辨识度很低，假冒伪劣盛行。在知识产权执法力度不够的情况，市场将会走向失败，并出现“柠檬市场”效应。

第二，弱知识产权保护导致产业上游和中下游的脱节。弱知识产权保护将育种研发赋予了更多的公共物品特性。如上文所述，在一个具有较强知识产权保护的社会，私人研发成果能够在强知识产权保护下获得排他性，而在弱知识产权保护的社会，私人研发成果很容易被外界窃取或低成本获得，从而具有了公共物品属性。长期以来，我国种业处于弱知识产权保护下，研发的公共性导致企业被挤出研发市场，产业的创新由公共部门承担。因此，我国种业产业链的上游研发与中下游的繁育、推广之间严重脱节，这造成了我国种业结构的不合理。

第五章 技术溢出、知识产权保护强度测算

第一节 当前种业科研体系下技术溢出水平的测算

技术溢出是种业企业学习育种研发技术、提高研发能力的重要途径，也是技术创新资源优化配置的重要途径。在旧科研体制下，我国种业技术创新依赖公共科研机构完成，无法自行实现种业技术创新资源向企业的流出，也就无法实现技术溢出。根据上文对我国种业技术创新资源配置困境的博弈分析可以发现，在新科研体制下，科企合作能否实现种业技术创新资源的优化配置，最终取决于种业技术外溢的强度。当技术外溢强度较大时，企业比较容易学到自主创新企业的技术并且获得创新企业创新行为的外部收益，最终会有越来越多的企业选择创新。但对于我国种业市场而言，由于集中度很低，技术创新主要依靠公共科研部门，公共科研部门向企业的技术溢出则是重中之重。因此，该部分主要通过对种业的公共科研部门向私人科研部门的技术扩散和溢出进行研究，来

分析技术扩散与技术创新之间的关系。

一、技术外溢强度测算模型

技术溢出作为技术扩散的外部性的体现，早在 20 世纪 60 年代便受到学者们的普遍关注，并设计了多种关于技术扩散中溢出效应的测算方法。Tilton（1975）以及 Swan（1973）认为，在技术创新公司与其他公司之间存在着技术差距的情况下，会由于技术创新公司的技术示范从而引起其他竞争者的模仿，产生技术溢出。Romer（1986）以及 Lucas（1988）的经济增长理论，考虑了技术的外部性因素，认为技术以资本或劳动力为载体从而促进经济的增长，并发现技术的外部性导致了私人收益低于社会收益，从而产生了技术外溢。对于技术外溢的测算，国外学者大体有两种方法：一是测度技术的社会收益率，通过构建外部性模型计算社会收益率并减去私人收益率，用以表示外溢强度；二是通过测度导致社会收益和私人收益之差的因素，并通过实证分析的角度测算技术外溢。沈坤荣等（2009）利用外部性研发增长模型，推算技术外溢在分散决策环境和社会计划环境下带来的收益率的差异，从而测度企业之间的技术外溢强度。本书主要应用沈坤荣等（2009）的技术外溢强度测算方法，对农业公共部门与私人部门之间以及私人部门企业之间的技术外溢强度进行测算，从而验证上文演化博弈分析中企业技术创新的技术扩散约束。

（一）模型的基本假设

假设市场中的企业生产函数为柯布道格拉斯生产函数形式，即：

$$Y = AK^{\alpha}(\phi L)^{1-\alpha}$$

ϕ 表示企业的技术水平，可通过劳动为载体进行增进和提升；

A 为常数，表示外生因素对企业产出的影响的总和；

$\alpha\in(0,1)$，表示资本的产出弹性。

假设企业的支出分为三个部分，分别为物质资本投资 K、研发资本投资 Z，以及日常消费支出 C，则规模报酬不变的情况下，技术产出是关于研发投入的生产函数，可表示为：

$$\phi=\phi\left(Z+VZ_a\right)$$

其中，z 表示该企业的研发资本投入；Z_a 表示社会平均研发投入水平；v 代表技术溢出强度，且 $v\in[0,\ 1]$。

当 $\phi(z)>0$ 时，企业研发投入 < 企业研发产出，企业决策会进行技术研发投资；

当 $\phi(z)\leqslant 0$ 时，企业研发投入 > 企业研发产出，企业决策不会进行技术研发投资；

当 $\partial\phi/\partial z_a=v\phi'(z+vz_a)\geqslant 0$ 时，代表社会平均研发资本水平对单个企业而言产生正向影响，从而表示该社会技术产生溢出；

当 $\partial\phi/\partial z_a=v\phi'(z+vz_a)<0$ 时，则社会平均研发资本投入水平对企业不具有正外部性，从而不产生技术溢出。

此时，假设企业的劳动力数量为 L，企业的人均产出用 y 表示，人均资本拥有量用 K 表示，则人均产出可表示为：$y=Ak^{\alpha}[\phi(z+vz_a)]^{1-\alpha}$。

（二）最优条件分析

在市场竞争环境下，企业的投资包括三个部分，分别为物质资本投资 I_k、研发资本投资 I_z 以及企业消费 c，则企业的投资决策在三者之间进行分配。假设物质资本投资的折旧率为 δ_1，研发资本投资的折旧率为 δ_2，则人均资本的动态方程可表示为：

$$k=I_k-(n+\delta_1)k$$

$$z=I_z-(n+\delta_2)z$$

企业面临的资源约束条件为：$Ak^{\alpha}[\phi(z+vz_a)]^{1-\alpha}=I_k+I_z+c$

企业投资的效用函数采取不变跨期替代弹性函数的形式表示为：$u(c)=\dfrac{c^{(1-\theta)}-1}{1-\theta}$，根据罗比达法则满足 $\theta<0$ 时，$u(c)<1$。

因此最优条件的解可由如下方程组获得：

$$U=\int_0^{\infty}\frac{c^{(1-\theta)}-1}{1-\theta}e^{-(\rho-n)t}dt$$

$$k=I_k-(n+\delta_1)k$$

$$z=I_z-(n+\delta_2)z$$

$$Ak^{\alpha}[\phi(z+vz_a)]^{1-\alpha}-I_k+I_z-c=0$$

根据以上方程组可得汉密尔顿函数：

$$H=\frac{c^{(1-\theta)}-1}{1-\theta}e^{-(\rho-n)t}+\lambda_1[I_k-(n+\delta_1)k]+\lambda_2[I_z-(n+\delta_2)z]+\lambda_3[Ak^{\alpha}[\phi(z+vz_a)]^{1-\alpha}-I_k+I_z-c]$$

要想取得最优解，必须满足如下条件：

$$\lambda_1=\lambda_2=\lambda_3=c^{-\theta}e^{-(\rho-n)t}$$

$$\lambda_1-\lambda_1(n+\delta_1)+\lambda_3\alpha Ak^{\alpha-1}\phi^{1-\alpha}=0$$

两边除以 λ_1，

$$\lambda_3 A\alpha\left(\frac{k}{\phi}\right)^{1-\alpha}=n+\delta_1-1$$

在均衡条件下，市场上的企业都会做出同样的决策，从而使得物质资产投资和研发资产投资等于社会平均值，即 $k=k_a$，$z=z_a$。从而在均衡状态下，物质资本的增长率等同于技术水平的增长率，k/ϕ 为常数，且 ϕ' 也为常数，以满足 λ_2 以稳定的增长率增长。因此，经济稳态下，研发函数应当是线性函数，可设为如下形式：$\phi(z-vz_a)=\phi_0+\xi(z+vz_a)$；稳态情况下，$z=z_a$，$\phi(z-vz_a)=\phi_0+\xi(1+v)z$。

企业在稳态下获得的利率为 $r^*=(1-\alpha)A\left(\frac{k^*}{\phi^*}\right)\xi-\delta_2=\alpha A\left(\frac{k^*}{\phi^*}\right)^{\alpha-1}-\delta_1$。

（三）分散决策和集权决策中长期经济增长率的决定

如果市场是竞争市场，市场上有无数私人企业，假设 $\phi_0=0$，$\delta_1=\delta_2=\delta$，则经济达到稳态后，$\frac{z^*}{k^*}=\frac{1-\alpha}{\alpha(1+v)}$，为一般常数。当外溢性增加时，

私人企业的研发收益外溢到社会增加，私人企业会降低研发投资比例；同时，外溢性增加提高了整个社会的收益，与私人研发企业的收益下降抵消。这种情况下，稳态的企业收益率为：$r^*=\alpha^\alpha(1-\alpha)^{1-\alpha}A\xi^{1-\alpha}-\delta$，最终稳态下的经济增长率长期稳定在 $g^*=\frac{1}{\theta}[\alpha^\alpha(1-\alpha)^{1-\alpha}A\xi^{1-\alpha}-\delta-\rho]$，为一个常数。

如果市场是垄断市场，市场上只有一家企业，企业的 $z=z_a$，从而带来约束条件以及汉密尔顿函数形式的变化，最优条件达成的必要条件改变，稳态中的企业利率变为：

$r_s^*=(1-\alpha)A\left(\frac{k_s^*}{\phi_s^*}\right)^\alpha(1+v)\xi-\delta_2=\alpha A\left(\frac{k_s^*}{\phi_s^*}\right)^{\alpha-1}-\delta_1$，由于垄断市场下仅有一个企业，因此企业的技术外溢内部化后，$v=0$，从而$\frac{z^*}{k^*}=\frac{1-\alpha}{\alpha}$，$r^*=\alpha^\alpha(1-\alpha)^{1-\alpha}A\xi^{1-\alpha}(1+v)^{1-\alpha}-\delta$，$g_s^*=\frac{1}{\theta}[\alpha^\alpha(1-\alpha)^{1-\alpha}A\xi^{1-\alpha}(1+v)^{1-\alpha}-\delta-\rho]$。相比竞争市场环境下的企业利率，可发现垄断市场下的收益率高于竞争市场下的企业收益率，即 $r_s^*>r_p^*$；且 $\frac{z_s^*}{k_s^*}>\frac{z_p^*}{k_p^*}$，其中 $\frac{z_s^*}{k_s^*}=\frac{1-\alpha}{\alpha}$；且 $\frac{z_p^*}{k_p^*}=\frac{1-\alpha}{\alpha(1+v)}$；因此在垄断市场下，资源会更多地被投资到研发活动中。

根据对垄断市场和竞争市场的技术溢出和稳态下企业盈利率、经济增长率的测算，影响经济增长率的因素包括资本产出弹性、消费者偏好、时间偏好、折旧率以及外生因素 A、外溢强度等。在垄断市场下，技术外溢可以通过内部化从而推动经济增长率的提高，且外溢强度越大，对经济推动力越强；而在竞争市场下，技术外溢带来的外部经济贡献可以与带给私人科研创新企业的损失相抵消。

二、农业技术溢出强度测算

技术溢出强度的度量，沈坤荣等（2009）从测算社会与私人收益之差来进行度量，共分三个指标来测度技术外溢造成的私人与社会收益之差。

一个指标是指在市场完全竞争条件下，技术创新是竞争的，这种情况下技术外溢造成的研发边际产出相对溢出内部化，也就是垄断条件下的边际产出的偏离水平为 w_1。

首先，在完全竞争条件下，企业研发投资的边际产出可表示为：

$$MPZ_p = r + \delta_2 = (1-\alpha)Ak^{\alpha}\phi^{-\alpha}\xi$$

其次，在垄断条件下，企业研发投资的边际产出可表示为：

$$MPZ_s = r_s + \delta_2 = (1-\alpha)Ak^{\alpha}\phi^{-\alpha}(1+v)$$

垄断市场对竞争市场下的技术外溢导致研发边际产出的偏离程度可表示为：

$$w_1(k,\ \phi) = \frac{MPZ_s - MPZ_p}{MPZ_s} = 1 - \frac{1}{1+v}。$$

技术外溢强度的第二个测量指标是用完全竞争环境下技术外溢导致的稳态均衡相对垄断环境下技术外溢的帕累托稳态均衡的稳态偏离程度，也就是说，不同部门技术创新的内部化相比技术创新的竞争化，可带来的边际收益的损失偏离程度，可用公式表示为：

$$w_2(k_p^*,\ k_s^*,\ \phi_p^*,\ \phi_s^*) = \frac{MPZ_s^* - MPZ_p^*}{MPZ_s^*} = 1-(1+v)^{-(1-\alpha)}。$$

外溢强度的第三个测量指标是用研发边际产出外溢到外部经济中的比例进行测量。在完全竞争条件下的创新企业，在稳态经济下的研发投资的边际产出可以表示为：

$$MPZ_p^*(v>0) = (1-\alpha)A\xi^{1-\alpha}(k/z)^{\alpha}(1+v)^{-\alpha}$$

在不存在技术外溢的条件下，即外溢强度 v 为零的情况下，研发投资的边际产出上升，可变为：

$$MPZ_p^*(v=0) = (1-\alpha)A\xi^{1-\alpha}(k/z)^{\alpha}$$

$$w_3 = \frac{MPZ_p^*(v=0) - MPZ_p^*(v>0)}{MPZ_p^*(v>0)} = (1+v)^{\alpha} - 1$$

（一）农业技术外溢强度的计量模型设定

根据沈坤荣等（2009）对技术创新外溢强度的测算理论模型的分析，本书应用其二个技术测算的理论测算指标，对农业技术创新外溢的强度进行计量设定和数据分析。根据目前农业技术创新主体特点，目前主要以公共科研机构和企业为主要的技术创新主体，并且公共部门创新目前仍然具有绝对的优势，因此，本书在测算农业技术外溢的情况时，考虑农业公共科研部门和企业之间的溢出，以及企业与企业之间的技术溢出，来测算这两类部门之间的技术溢出程度，估算农业部门技术溢出对企业研发投资行为的影响。根据上文对三个指标的理论推演，要想计算技术溢出强度，需要测算估算技术溢出强度 v 以及资本的产出弹性 α。

企业或公共部门的研发函数可用如下线性方程表示：

方程 1：$Tech = \beta_{00\,i} + \beta_{02} RD_{it} + u_{it}$

方程 2：$Tech_x = \beta_{10\,i} + \beta_{11} RD_x + \beta_{12} RD_{it} + \mu_{it}$

方程 3：$Tech_x = \beta_{20\,i} + \beta_{21} RD_{xit} + \beta_{22} RD_{\bar{x}it} + \gamma_{it}$

其中，x 表示投入部门的类型，分别代表公共投资部门和私人企业投资部门两类。公共部门取 S，私人部门取 P，因此，x = S 或 x = P。其中，Tech 表示总体的技术产出水平，而 RD_x 表示不同类别的部门其人均研发投资水平，RD_{it} 则表示总体研发的人均研发投资水平。根据模型的设定，从理论上讲，参数应该为负，如果统计结果显著，则表明企业或科研部门的研发投入对技术水平的提升具有统计学上的显著作用，如果统计结果不显著，则表明企业或公共部门的技术水平提升不依赖自身的研发投入，从而可得知自主研发的发展还极为有限。其中，β_{12} 的显著性则意味着技术外溢特征是否显著，而 β_{22}/β_{12} 表示某一部门向整个农业社会的技术溢出强度。对于方程 3，技术溢出可做同样的测算，即可用 β_{22}/β_{21} 来测算不同部门之间的技术溢出强度。

（二）数据来源

尽管本书要研究的是种业的技术创新影响因素，但是由于种业相关数据不可得，而种业知识产权的授予量在农业知识产权授予数量中所占的比重较大，因此，本书选择用农业技术的溢出强度来代替种业技术创新的溢出强度进行说明。

本书主要应用《中国农业年鉴》、《中国知识产权统计年鉴》、《中国科技统计年鉴》等资料中关于农业企业、农业公共科研单位的科研投入、科研人员总量等数据，对计量模型中的参数进行估计。其中，科技水平主要应用专利总数进行表示，人均研发资本存量的计算用本年度研发资本存量除以年末该领域的科研从业人员数量得出。

根据上文的数理分析，农业相关的知识产权数据是根据农业知识产权中心的统计，对1985~2010年的数据进行搜集，2011~2013年数据是根据《中国农业知识产权创造指数报告（2011~2014）》以及《中国知识产权统计年鉴》收集的，由于对农业知识产权授予量的统计不全，本文采用申请量数据进行说明，具体如表5-1所示。公共科研单位的农业科研投入数据、农业企业的农业科研投入数据，是根据《中国科技统计年鉴》以及《中国农业年鉴》对农业科研投入总量的统计数据。由于对企业、事业单位农业科研从业人员的统计，《中国科技统计年鉴》的统计开始于2003年，因此，本书在进行人均研发资本存量的分析和测算时，仅获得了2003~2013年的数据，对上文的数理模型中技术溢出强度进行测算。

表5-1　农业不同部门知识产权申请量、人均研发投入（R&D）数据

年份	农业人均R&D（万元）	农业企业人均R&D（万元）	农业事业人均R&D（万元）	农业教学科研事业单位知识产权申请数量（件）	农业企业知识产权申请数量（件）	农业知识产权申请数量（件）
2003	6.843043	6.827558	0.348062	1320	755	4803
2004	7.355959	7.753946	0.503121	1963	861	5668
2005	2.83002	2.964544	0.217709	2924	1305	7763

续表

年份	农业人均R&D（万元）	农业企业人均R&D（万元）	农业事业人均R&D（万元）	农业教学科研事业单位知识产权申请数量（件）	农业企业知识产权申请数量（件）	农业知识产权申请数量（件）
2006	9.397369	10.68384	1.008911	3105	1698	8991
2007	12.5748	14.79969	0.908057	3840	2451	11101
2008	15.03142	17.0541	0.548784	5083	3519	14961
2009	12.82016	13.85546	1.485524	5477	4210	14561
2010	14.61616	16.56264	1.328967	3405	1946	7279
2011	16.67309	17.70146	1.886508	14464	13104	39747
2012	20.26955	20.89887	2.902056	14218	15328	42615
2013	21.9848	23.57662	3.248077	14854	16945	47492

资料来源：《中国科技统计年鉴》（1985~2014）、《中国农业年鉴》（1985~2014）、《中国农业知识产权创造指数报告（2011~2014）》以及农业知识产权中心统计数据。

（三）基于灰色关联分析的农业技术外溢强度测算

根据上文的计量方程设计，本书需要测算出方程系数的大小，才能够测算农业技术溢出的强度系数 v，从而对 w1、w2 和 w3 三个测度产业技术溢出的指标进行测算。但是，由于农业相关数据的可得性，本书仅有 2003~2013 年 11 年的时间系列样本，时间序列分析略显牵强。为了研究农业技术溢出的强度系数，并与我国技术溢出强度进行对比，本书选择用灰色系统的关联度分析，对农业技术产出与投入之间的关联度进行分析。

1. 数据关联性分析

根据图 5-1，农业人均科研投入与农业知识产权数量之间，农业企业科研产出与农业企业人均科研投入、农业人均科研投入、农业事业单位人均科研投入之间，以及农业事业单位科研产出与农业企业人均科研投入、农业人均科研投入、农业事业单位人均科研投入之间都存在着趋势上的一致性关系，这是进行灰色关联度分析的前提。根据图 5-2 对各个变量之间的变化趋势的图表分析，可以判断，它们之间的关联度比较大。为了探索这些因素之间的相互关系，虽然可以用线性回归、线性相关等方法进行分析，但由于这些统计分析方法对样本的要求比较高，对样本数量、样本分布等有着特殊的要求，而农业相关数据的缺乏使本书对农业技术创新的研究缺乏相关性分析或回归分析的必要条件。因此，

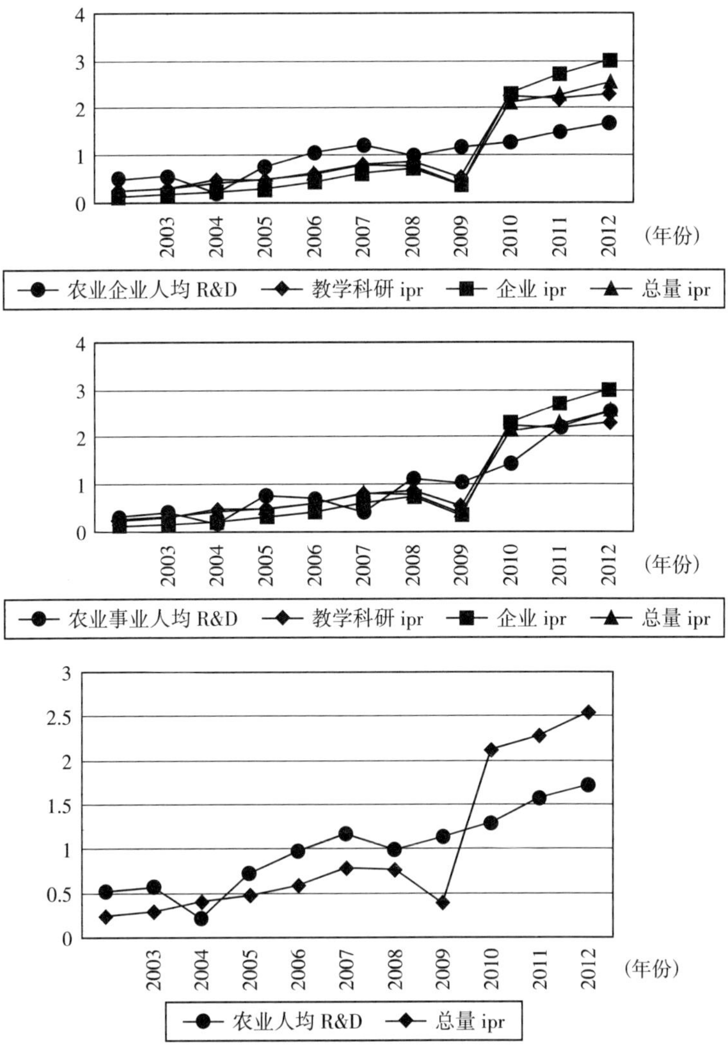

图 5-1　各变量之间的变化趋势

资料来源：根据表 5-1 数据绘制。

本书选择灰色关联度分析法，对农业不同部门的技术产出与技术投入情况之间的关联度进行测算。

2. 数据量纲化

针对三个计量方程，本书共有如下两个序列分别进行灰色关联度分析。

设 $Y_i=[y_i(1),\ y_i(2),\ y_i(3),\ \cdots,\ y_i(n)]$ 为因变量 Y_i 的行为序列；

设 $X_i=[x_i(1),\ x_i(2),\ x_i(3),\ \cdots,\ x_i(n)]$ 为自变量因素 X_i 的行为序列；

对所有序列进行均值化处理，即 $X_i=x_i(k)/\bar{X}_i$；$\bar{X}_i=\frac{1}{n}\sum_{k=1}^{n}x_i(k)$，$k=1,2,\cdots,n$，则表 5-1 进行均值化处理后，可变为表 5-2 的标准化数据列表。

表 5-2 数据标准化处理结果

年份	农业人均R&D（万元）	农业企业人均R&D（万元）	农业事业人均R&D（万元）	农业教学科研事业单位知识产权申请数量（件）	农业企业知识产权申请数量（件）	农业知识产权申请数量（件）
2003	0.53615	0.491903	0.266144	0.205511	0.133689	0.257746
2004	0.576336	0.558646	0.384709	0.30562	0.152458	0.304165
2005	0.221731	0.213586	0.16647	0.455239	0.231078	0.41659
2006	0.73628	0.769736	0.771458	0.483419	0.300666	0.482489
2007	0.98523	1.066269	0.69434	0.597851	0.434001	0.595719
2008	1.177706	1.228692	0.419625	0.791375	0.623113	0.80286
2009	1.004454	0.998241	1.135897	0.852717	0.745469	0.781394
2010	1.145171	1.193284	1.016187	0.530126	0.34458	0.390617
2011	1.30633	1.275332	1.442507	2.251907	2.320337	2.132964
2012	1.588111	1.505695	2.21904	2.213607	2.714143	2.28687
2013	1.7225	1.698618	2.483623	2.312626	3.000467	2.548587

3. 关联度计算

关联程度本质上反映了参考数列与比较数列变化的相似程度，越相似、越接近，则两者关联度越大，因此，灰色关联度法用不同曲线的样本偏差值作为测量关联度的标准，即：

$\Delta_i(k)=|x_0'(k)-x_i'(k)|$，其中 $k=1, 2, 3, \cdots, n$;

根据数据，可得农业人均 R&D 与农业知识产权申请量之间的关联度，农业企业或事业单位人均 R&D 与农业知识产权申请量、农业企业知识产权或事业单位知识产权申请量之间的关联度，以及农业企业或事业单位人均 R&D 与农业事业单位或企业知识产权申请量之间的关联度。根据关联度的计算公式，先算出各数列之间的两极最大差和最小差，分别为：

$$\Delta(\max)=\max_i \max_k \Delta_i(k)$$

$$\Delta(\min)=\min_i \min_k \Delta_i(k)$$

且关联度计算公式为：

$$\beta_{0i}(k)=\frac{\Delta(\min)+\rho\Delta(\max)}{\Delta_i(k)+\rho\Delta(\max)}$$

其中，$\rho\in(0, 1)$，其中 $k=1, 2, \cdots, n$; $i=1, 2, \cdots, m$。

其中，ρ 表示分辨细数，并用于削弱 Δ 过大导致的关联细数失真影响。为了提高关联细数之间的差异和显著性，本书将 ρ 的值设定为 0.2，并得出不同标准列下的关联度数据，如表 5-3 所示。

表 5-3　灰色关联度的测算值

年份	方程 1	方程 2（1）		方程 2（2）		方程 3（1）		方程 3（2）	
	β_{02}	$\beta_{11}\beta_{12}$		$\beta_{11}\beta_{12}$		$\beta_{21}\beta_{22}$		$\beta_{21}\beta_{22}$	
2003	0.81	0.43	0.40	0.83	0.45	0.45	0.78	0.71	0.75
2004	0.82	0.40	0.39	0.78	0.50	0.42	0.59	0.76	0.69
2005	1.00	0.96	0.99	0.48	0.54	1.00	1.00	0.78	0.37
2006	0.86	0.36	0.38	0.48	0.52	0.38	0.37	0.71	0.37
2007	0.65	0.30	0.33	0.74	0.41	0.31	0.55	0.51	0.65
2008	0.67	0.31	0.33	0.42	0.41	0.32	0.63	0.54	0.31
2009	0.93	0.52	0.51	0.49	0.64	0.54	0.42	1.00	0.38
2010	0.39	0.24	0.25	0.36	0.30	0.25	0.28	0.40	0.26
2011	0.36	0.20	0.21	0.25	0.22	0.21	0.23	0.29	0.17
2012	0.42	0.18	0.19	1.00	0.30	0.19	0.36	0.38	1.00
2013	0.36	0.17	0.17	0.62	0.31	0.18	0.35	0.42	0.50
平均值	0.66	0.41	0.23	0.39	0.38	0.39	0.51	0.59	0.50

4. 技术溢出强度计算

根据表 5-3 对三个方程各年度关联度的均值计算，可得关联系数，计算公式为：

$$\beta_{0i} = \frac{1}{n}\sum_{k=1}^{n}\beta_{0i}(k),\ i = 1,\ 2,\ \cdots,\ m$$

其中，β_{02} 的平均值为 0.66，β_{11} 的平均值为 0.51，β_{12} 的平均值为 0.40。方程 3（1）的 β_{21} 平均值为 0.39，即企业技术产出水平与企业人均 R&D 投入的关联度为 0.39；β_{22} 平均值为 0.51，即企业技术产出水平与事业单位人均 R&D 投入的关联度为 0.51；方程 3（2）的 β_{21} 平均值为 0.59，即事业单位技术产出水平与事业单位人均 R&D 投入的关联度为 0.59；而 β_{22} 平均值为 0.50，即事业单位技术产出水平与企业人均 R&D 的投入关联度为 0.50。根据上文对计量方程的假设情况，可计算出农业技术溢出水平，即企业向社会的技术溢出水平为 0.56，而农业事业单位向社会的技术溢出水平明显高出企业的技术溢出水平，为 0.98；事业单位向企业的技术溢出强度水平为 0.84，而企业向事业单位的技术溢出强度为 1.31。

如果将方程 2（1）和方程 2（2）融合为一个方程，则可算出整个农业的技术扩散强度系数，为 0.79，即每单位社会平均研发水平变化，所引起的农业技术水平的变化程度是 0.79，也就是 v 的大小。

5. 技术溢出测算指标的测算

根据沈荣坤（2009）对各学者测算的我国物质资本的产出弹性，再根据本书测算的农业技术的外溢强度水平 v，可测算出不同物质资本产出弹性水平下，我国农业技术外溢强度的测算指标，如表 5-4 所示。

表 5-4　农业技术外溢强度测算结果与对比

文献	α	w_1	w_2	w_3
Chow 和 Li（2002）	0.628	0.440673	0.194378	0.440343
Chow 和 Lin（2002）	0.647	0.440673	0.185435	0.456332
Chow（1988）	0.602	0.440673	0.206456	0.418748

续表

文献	α	w_1	w_2	w_3
Chow（1993）上限	0.64	0.440673	0.188741	0.450421
Chow（1993）下限	0.538	0.440673	0.235423	0.36696
邹至庄（2005）	0.647	0.440673	0.185435	0.456332
Chow（2008）	0.601	0.440673	0.206917	0.417924
Heytens 和 Zebregs（2003）	0.643	0.440673	0.187326	0.452951
Lau 和 Brada（1990）	0.422	0.440673	0.285256	0.277866
OECD（2005）	0.526	0.440673	0.240735	0.357463
Wang 和 Meng（2001）	0.433	0.440673	0.280673	0.286059
郭庆旺和贾俊雪（2005）上限	0.784	0.440673	0.117945	0.576995
郭庆旺和贾俊雪（2005）下限	0.692	0.440673	0.163856	0.494911
吕冰洋（2008）	0.555	0.440673	0.227833	0.380529
谢千里等（2008）	0.381	0.440673	0.302081	0.247784
郑京海等（2008）建议	0.5	0.440673	0.252119	0.33711
郑京海等（2008）上限	0.726	0.440673	0.147174	0.524737
郑京海等（2008）下限	0.842	0.440673	0.087714	0.631044
均值	0.6	0.440673	0.205305	0.420806

注：本书对我国物质资本产出弹性的各数值，主要参考了沈荣坤（2009）的数据资料，并依据本书对农业技术外溢强度 v 的测算结果，测算了农业技术外溢的三个测量维度。

（四）技术外溢的测算结果

根据表 5-4 的测算，w_1 的数值代表了在完全竞争环境下，技术外溢导致完全竞争下的均衡状态，相对研发内部化的集体垄断最优状态偏离约 20%。也就是说，存在技术外溢的情况下，相比不存在外溢的状态，研发主体的收益率会下降约 20%。

w_2 的数值代表了在完全竞争环境下，研发主体的研发边际产出外溢到经济中的比例为 0.42，也就是说，农业部门的研发投资活动会造成向整个农业领域的技术外溢，从而使研发主体无法获得该部分的收益。

w_3 的数值代表了在非均衡状态下，技术外溢导致完全竞争经济相对垄断经济的偏离程度，也就是在非均衡状态下，大约有 44%的研发收益溢出。

因此，根据技术外溢三个测量维度的数据可以看出，农业部门的科研事业单位与企业研发活动分散的情况下，技术溢出会导致研发收益下降 44%，而当科研事业单位的研发活动与企业进行内部化以后，技术外溢导致的研发收益率下降比例为 20%。

另外，从各方程的相关系数来看，如果将农业创新主体分为公共部门和私人部门，分别用科研事业单位和企业来代表，则可测算出不同部门研发活动之间的关联度。根据方程 1 的系数看，农业技术研发投入与产业技术水平之间的关联度为 0.66；从方程 2 的相关系数来看，企业向社会的技术溢出水平为 0.56，而农业事业单位向社会的技术溢出水平明显高出企业的技术溢出水平，为 0.98；从方程 3 的相关系数来看，农业科研事业单位向企业的技术溢出强度水平为 0.84，而企业向事业单位的技术溢出强度为 1.31。

三、主要结论

根据本书对种业的技术溢出水平的测算，重点得出如下结论：

第一，农业事业单位向社会的技术溢出水平比企业的溢出水平高（0.98 > 0.56）。事业单位的社会溢出高的现象被很多学者注意到，说明我国农业技术创新更多地依赖农业公共科研机构，因此，该研究结果也再次验证了农业科研机构在农业技术创新中的主体地位。

第二，科企合作中，科研事业单位向种业企业的技术溢出水平低于企业向科研单位的溢出水平（0.84 < 1.31）。这说明在科企合作进行研发的过程中，农业企业从事业单位处学习的知识会低于科研事业单位获得的知识，这说明了我国种业企业在技术创新实力和研发中的劣势地位。

第三，农业研发技术溢出所导致的技术创新收益损失远大于社会平均水平。这解释了我国种业企业技术创新低迷的原因。因为农业技术研发的溢出所导致的创新收益损失太大，种业企业最终选择依赖公共科研单位进行技术研发，这就使企业陷入了越弱越不创新的恶性循环中。

第四，育繁推一体化有助于降低研发创新收益的损失。根据研究，当科研事业单位的研发活动与企业进行内部化以后，技术外溢导致的研发收益率下降比例为20%，因此，如果企业将育种研发内化到企业内部完成，则可以降低因为技术溢出导致的收益率下降。因此，种业企业实施育繁推一体化改革，有助于种业技术创新收益的获得。

第二节　种业知识产权保护强度的测算

根据种业企业技术创新演化博弈的理论分析结果，种业企业采取模仿或自主创新的行为与知识产权保护强度紧密相关。根据世界各个国家的经验，知识产权保护的确促进了社会对种业技术创新的投入，使种业企业在知识产权保护下，依靠科技创新提高企业核心竞争力，并带动了种业产业链结构的整合和优化升级。根据张劲柏等（2009）的测算，20世纪60年代，公共科研部门占种业研发投资的比例为81.22%，但随着UPOV公约的完善，1991~1996年种业研发投资的公共投资比例下降到38.4%，与此同时，私人科研部门的种业研发投资比例上升为61.1%。科研创新竞争引发种业企业兼并收购和跨国发展，加速了种业产业链上下游的优化整合。为了实证分析种业企业的技术创新行为与知识产权保护之间的关系，本部分将对我国各地企业所在地的知识产权保护强度进行测算，并用于实证分析企业技术创新演化博弈影响因素与企业技术创新行为之间的关系。

一、知识产权保护强度的测算方法

由于新经济增长理论将技术进步看作经济增长的内生驱动因素之一，

因此，国内外学者对知识产权与经济增长之间的关系展开了大量的研究，并通过不同的方法测算了知识产权保护强度的数值，用以说明怎样的知识产权强度可以最大程度地促进经济的发展。目前，关于知识产权保护强度与经济增长之间的关系研究中，大部分认为发展中国家知识产权最优强度不同于发达国家，因此从 20 世纪 90 年代，学者们开始关注知识产权强度，并不断地开发知识产权保护强度的计算指标、计算方法和指标体系。

目前，国内外学者对知识产权保护强度进行测算的主要分析工具是知识产权强度指标。最早在 1990 年，Rapp 和 Rozek（1990）应用专利法作为知识产权保护强度的测算指标，而后，知识产权保护强度的测算方法中，立法成为测算知识产权保护强度的重要指标，并由 Ginarte 和 Park（1997）将知识产权保护强度指数的测算指标设计为 5 个维度（见表 5-5），包括专利覆盖范围、国际条约成员、权利保护的丧失、执法措施、保护期限，即所谓的 GP 指数，作者采用该指数计算了全球 120 个国家 1960~1990 年的知识产权保护强度。该指标主要从立法的角度对知识产权强度进行测算，因此也被称为立法强度的知识产权强度测算指标。

表 5-5 知识产权立法强度测算指标体系

知识产权立法强度衡量维度	覆盖范围	国际条约成员	权利保护的丧失	执法措施	保护期限
子指标	药品、化学品、食品、动植物品种、医用器械、微生物沉淀、实用新型、软件	《巴黎公约》、《专利合作条约》、《植物新品种保护公约》、《布达佩斯条约》、《UPOV 公约》、《斯特拉斯堡协定》、《TRIPS 协议》	实施要求、强制许可、专利撤销	诉前禁令、连带责任、举证责任倒置	发明专利（x/20）

资料来源：笔者根据 Ginarte 和 Park（1997）[①] 绘制。

随着各国知识产权立法的不断完善，知识产权立法强度的测算指标

① Juan C. Ginarte and Walter G. Park. Determinants of Patent Rights: A Cross-national Study [J]. Research Policy, 1997 (26): 283-301.

逐渐趋于稳定，尤其在我国，随着知识产权立法的不断完善，仅仅依靠立法强度的知识产权保护强度测算方法产生了许多不足。在此基础上，我国学者开始在知识产权强度测算的方法中加入了知识产权执法强度这一变量。而对于知识产权执法强度的测算方法较多，目前较为有代表性的是将经济社会发展水平、法治水平、国际监督、社会法制化程度四个维度纳入知识产权保护执法水平的测算中。例如，许春明等（2008）以及齐俊妍等（2015）将司法保护水平、行政保护、经济发展以及社会公共意识、国际监督等考虑进去测算我国知识产权执法的强度；李伟等（2014）对知识产权保护执法强度从社会经济发展水平、法治水平两个维度进行测量。综合来看，知识产权强度的执法强度计算可包括四大维度，分别包括社会的行政执法水平、法治水平、经济社会发展水平以及国际社会监督。

二、实施产权保护强度测算的数据来源

鉴于数据的可获得性，本书选择用《知识产权指数报告》中各年对我国各省的知识产权指数的分项打分作为依据，从三个方面测算各企业面临的知识产权保护强度。《知识产权指数报告》是由国家知识产权局中国知识产权指数研究项目组每年发布的关于我国各区域知识产权发展情况的指数类报告，由课题组每年对 31 个省份的知识产权情况进行调研，参照《世界竞争力年鉴》、欧盟和日本知识产权评价体系以及国内的一些区域知识产权评价体系的研究成果，对各地区的知识产权发展指数进行测算。该指数报告测算我国各地区的知识产权综合实力，并从发展现状、发展潜力两个层面，分知识产权产出水平、知识产权流动水平、知识产权综合绩效以及知识产权创造潜力四个维度，共计 54 个指标进行量纲化处理并计算，得出指数。

由于本书只测算各地区的知识产权保护强度，因此，针对上文叙述

的我国学者知识产权保护强度的测算的方法，选择行政执法水平、法治水平、经济社会发展水平三个方面，同时，为了更进一步了解种业知识产权保护的保护水平，本书又专门加入测算农业植物新品种保护指数，作为对各地种业知识产权保护的测算指标之一。测算我国各地区的种业知识产权强度，具体指标如表 5-6 所示。本书采用线性加权法，对不同指标体系下的子指标，根据其在实际专利保护中的作用，赋予不同的权重，并进行加权平均，最后用乘法评价模型，对不同区域的知识产权保护强度进行乘法测算，再进行加权后，可得出每一年我国知识产权保护强度的测算结果，如表 5-7 所示。其中各指标具体数值可参照附录 1。

表 5-6　知识产权保护强度的测算指标体系

行政执法水平	知识产权行政保护
	专利行政执法
	商标行政执法
	行政执法服务能力
法治水平	商标代理机构指数
	专利代理指数
	律师事务所指数
	评估机构指数
经济发展水平	宏观经济绩效　社会发展
	经济发展水平　社会生活信息化
	经济增长方式转变　文化进步
	经济结构优化　企业发展绩效
	社会进步绩效　产品升级
	环境改善　设备更新
农业植物新品种保护	农业植物新品种总量指数
	专利有效性
	商标有效性

注：本部分参照《知识产权指数报告》的相关指数标准，结合本书的研究，选择了本表指标作为本书计算知识产权保护强度的指标体系。

表 5-7 我国各年度种业知识产权保护强度分值表数据

年份	行政保护	经济发展水平	植物新品种保护	司法保护
2009	0.181117	0.376033	0.077595	0.179678
2010	0.236583	0.492333	0.107194	0.379252
2011	0.163775	0.431567	0.039416	0.24124
2012	0.169025	0.413633	0.045525	0.173494
2013	0.4389	0.090443	0.240858	0.379252

三、基于 GM（1，1）模型的知识产权强度保护水平预测

由于知识产权保护强度的相关系数测算，现有统计数据仅仅更新到 2013 年，部分省份的数据更新至 2012 年，而本书的有关企业数据、技术溢出强度数据等都搜集到 2014 年，为了便于对我国种业企业的技术创新行为的影响因素进行判断，本书采用 GM（1，1）模型，对当前我国的植物新品种保护的知识产权保护强度进行预测。本书选择了 GM（1，1）预测模型，用灰色预测算法对 2014 年我国植物新品种的保护强度等各维度的数据进行测算，并测算 2014 年植物新品种保护的强度水平。这里之所以选择灰色系统预测算法，与本书计算技术溢出强度系数时，选择灰色关联度的考虑类似，主要考虑到灰色系统理论能够对“部分信息可知，部分未知”的小样本数据系统进行研究，对这些已知部分信息进行相关的处理后，能够根据其演化规律，尽量获得正确的描述。正是因为能够对小样本信息进行处理，对样本数据的可获得性和样本数量要求较低，而本书对植物新品种保护相关的强度水平指数进行测算时，所获得的数据总量仅起始于 2008 年，数据样本量较少，因此，本书选择该模型方法，对 2014 年数据进行预测。

（一）GM（1，1）预测的方法简介

这里假设 $x^{(0)} = [x^{(0)}(1), x^{(0)}(2), \cdots, x^{(0)}(n)]$，且 $x^0(i) \geq 0$，$(i = 1, 2, 3, \cdots n)$；

再假设上列标准数列的累计数列为 x^1，即：

$x^1 = x^1(1), x^1(2), x^1(3), \cdots, x^1(n)$

$x^1(i) = \sum_{k=1}^{i} x^0(i)$，其中 $(i = 1, 2, 3, \cdots, n)$

再假设 $z^{(1)}$ 为 x^1 的均值生成数列，可得：

$z^{(1)} = z^{(1)}(2), z^{(1)}(3), \cdots, z^{(1)}(n)$

$z^{(1)}(i) = [x^1(i) + x^1(i-1)]/2, i = 2, 3, \cdots, n$

因此，GM（1，1）模型可做如下计算：

假设自定义 a 表示发展系数，b 表示灰色作用量，且 a 和 b 满足如下条件：

$[a, b]^T = (B^T B)^{-1} B^T Y$

定义 GM（1，1）模型如下形式：$x^0(i) + az^{(1)}(i) = b$；

其中，$Y = [x^0(2), \cdots, x^0(n)]^T$，而

$$B = \begin{bmatrix} -z^{(1)}(2) & -z^{(1)}(3) & \cdots & -z^{(1)}(n) \\ 1 & 1 & \cdots & 1 \end{bmatrix}$$

从而得到 GM（1，1）模型公式如下：

$\bar{x}^{(0)}(i+1) = \bar{x}^{(1)}(i+1) - \bar{x}^{(1)}(i)$

$\bar{x}^{(1)}(i+1) = [x^0(1) - b/a]\, e^{-ai} + b/a$

$i = 1, 2, \cdots, n$

$\bar{x}^{(0)}(i+1) = \bar{x}^{(1)}(i+1) - \bar{x}^{(1)}(i) = (1 - e^a)[x^0(1) - b/a]e^{-ai}$；$i = 1, 2, \cdots, n$。其中当 i 大于 n 时，表示的是预测值。

（二）基于 Matlab 的 GM（1，1）预测结果

本书根据对我国各年度各省份知识产权保护强度的相关指标和维度数据的统计，最近的几个省份数据更新至 2013 年，还有部分仅更新到 2012 年，为了后面面板数据分析的方便，本书对各省份 2014 年的数据进行预测，并得出预测结果如附录 1 所示。对各省数据进行加权平均，可

得全国知识产权保护强度数据，如表 5-8 所示。

表 5-8 基于灰色 GM（1，1）模型的种业知识产权保护强度测算结果

年份	行政保护	经济发展水平	植物新品种保护	司法保护	ipr 保护
2009	0.181117	0.376033	0.077595	0.179678	0.00095
2010	0.236583	0.492333	0.107194	0.379252	0.004735
2011	0.163775	0.431567	0.039416	0.24124	0.000672
2012	0.169025	0.413633	0.045525	0.173494	0.000552
2013	0.4389	0.090443	0.240858	0.379252	0.003626
2014	0.4883	0.1642	0.0968	0.2722	0.002113

注：数据根据附表 2 所示的各省数据进行纬度之间相乘，并求各省平均数，获得全国数据。其中原始数据来自附表 1，附表 1 数据来自《知识产权指数报告》中 2008~2014 年的数据报告。

根据本书对我国分省知识产权强度的测算结果，我国知识产权保护强度表现出如下几个特征：

第一，我国各省份之间的知识产权保护强度相差较大。从整体的知识产权保护强度的测算看，发达省份的知识产权保护强度明显高于落后省份的知识产权保护强度。这主要是由于经济发达省份的知识产权行政执法力度和司法保护明显高于其他省份。而就植物新品种的知识产权保护看，欠发达地区的植物新品种研发水平往往相对经济发达省份较弱，因而植物新品种总量指数较小，植物新品种保护方面的整体执法能力较弱，从而得出经济欠发达省份的植物新品种保护强度较弱。

第二，从司法保护和行政保护两方面看，自 2012 年呈现出上升趋势（见图 5-2），整体波动较大。对比其他学者对我国知识产权保护强度的测算结果，我国知识产权保护的执法强度近年来不断加强，蔡虹等（2014）对我国 2010 年以前知识产权执法强度的测算结果表明，2009~2010 年，知识产权执法强度有较大幅度的上涨，这与本书的研究趋势存在一致性。司法保护强度各年的数值表现较为波动，可能是由于司法对知识产权案件审理时效性的问题，从而表现出不同年份的波动，但平均水平多年来趋于稳定。而行政保护强度从 2012 年开始出现了较大幅度的持续增长，主要因为2011年由国家知识产权局出台了《专利行政执法办法》，从2011年开始，对知识产权的行政执法做了更为细致的部署，执行力有所上升。

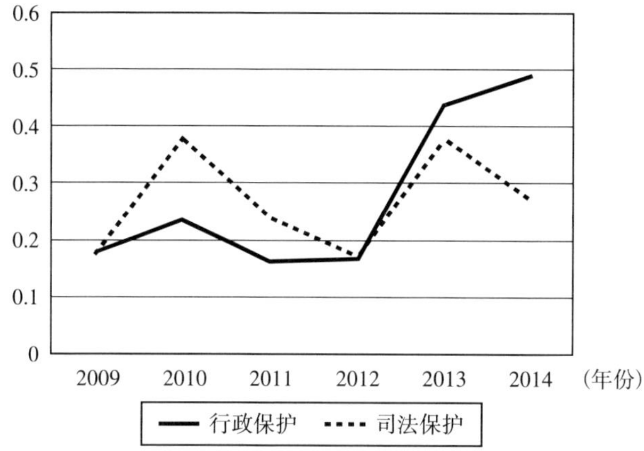

图 5-2　我国知识产权保护的行政保护强度和司法保护强度变化

第六章

知识产权保护、技术溢出与种业企业技术创新

第一节 演化博弈理论与企业技术创新

一、演化博弈理论发展历程

演化博弈理论最早是由生态学家 Maynard Smith 和 Price 于 1973 年和 1974 年提出的，最早是用于解释动植物进化的现象，他们认为，动植物的进化结果最终会稳定下来，实现演化的稳态。而博弈论是用于研究完全理性的人类相互之间行为时提出的，而对生态演化结果用博弈论解释，则意味着对博弈论中理性人假设的否定。1960 年以后，非合作博弈理论的发展，推动了演化博弈理论的产生。Price（1973）结合达尔文生物进化论和静态博弈理论研究生态演化，提出了演化博弈理论的基本均衡—演化稳定策略（Evolutionarily Stable Strategy，ESS）。生态学家 Jonker（1978）首次提出演化博弈的基本概念，从而诞生了演化博弈理论的雏形。20 世纪 80 年代以后，有限理性逐渐被学术界尤其是经济学界所认可，加上演

化博弈理论在生态演化研究中发挥的重要作用，1992 年在康奈尔大学召开的演化博弈理论学术会议上，正式对演化博弈理论的学术地位进行了认可，后来，演化博弈理论的分析框架被广泛应用于经济行为理论的研究。

演化博弈理论以静态博弈理论和生态理论为基础，以博弈方的有限理性为前提假设，利用动态分析的方法，将影响博弈方行为的各种因素纳入博弈中，以系统论的方法研究群体行为的演化趋势以及演化的稳态方式。

二、演化博弈理论的内容

第一，将行为主体的系统假设为“生态群落”，群体成员在有限理性的情况下，根据获取的信息，对其行为方式进行决策，采取风险规避、学习或模仿他人的策略。因此，对于所有的行为主体而言，学习速度较慢，因而是一个缓慢进化的过程。群体中的所有博弈主体都进行随机配对的重复博弈，并且博弈方都是所在位置上无差异的对称博弈①。但由于实际环境中，整个博弈群体链条上的博弈方在学习能力、知识运用等方面仍然存在着较大的差别，因此，在研究长期进化的结果时，考虑博弈方通过渐进、缓慢的学习，可实现策略的调整，其策略的调整速度可以用描述生物进化的复制动态方程进行描述。

第二，博弈方均为有限理性。对于有限理性的博弈方来说，是否知道对手的纳什均衡策略并不重要，因为有限理性的博弈方本身不一定有能力找到纳什均衡，也不一定会选择纳什均衡策略，因此，不论纳什均衡是什么，任何策略都可能有部分博弈方会采用。因此，在实际的演化

① 对称博弈是指在博弈论中，博弈的收益只与博弈方所做出的策略选择有关，而与博弈方本身无关。在演化博弈论中，对称博弈是指所有群体中的博弈方不区分其特征，不同博弈方按照个体所能够选择的纯策略集合是相同还是不相同来区分，因此，对称博弈中所有的博弈方都有着相同的策略组合。

博弈分析中，将所有的博弈方类型划分为类型 1 和类型 2，在所有的博弈方中进行随机配对，然后进行重复博弈。博弈方的学习和模仿策略仅在该群体内部，他们可以通过对内部成员之间的互相作用实现策略的转变。因此，可以对该类群体进行复制动态描述，分析其稳定策略。

第三，博弈方的行为策略集合。在有限理性博弈方群体进行的长期反复博弈的动态过程中，讨论博弈方只有在有限理性的情况下，真正稳定的博弈均衡是什么，需要引入复制动态。复制动态和进化稳定策略是演化博弈的两个基本概念。先假设 2×2 对称博弈，如表 6-1 是该对称博弈的支付矩阵。由于不了解具体策略支付的数值，因此无法确定其纳什均衡解。如果 $x>0$，表示采用策略 1 的博弈方开始比例为正，如果采取该策略的支付期望超过平均支付，则采取策略 1 的博弈方数量会逐渐增加，反之反是。随着博弈方缓慢的学习过程，最终博弈方会进行动态的策略调整，并且不断有博弈方复制该种策略调整，最终趋向于新的稳定状态，而这种新的稳定状态中，x 最终稳定在某一个固定的点上，学习停止，所有博弈方都在有限理性下找到了最好的策略。如果博弈方的策略偏离复制动态，并且收敛到特定的状态，复制动态就达到进化稳定策略（ESS）。

表 6-1　一般 2×2 对称博弈

		博弈方 2	
		策略 1	策略 2
博弈方 1	策略 1	（a，a）	（b，c）
	策略 2	（c，b）	（d，d）

第四，支付矩阵。现在对一个大群体的成员进行随机配对，假设该群体中，选择策略 1 的群体比例为 x，比例 2 的群体比例为 1-x，则选择两种策略的博弈方的期望支付分别为：

$$u_1 = x \times a + (1-x) \times b$$

$u_2 = x \times c + (1-x) \times d$

$\bar{u} = x \times u_1 + (1-x) \times u_2$

在一般的 2×2 对称博弈中，根据支付方程，可得复制动态方程为：

$dx/dt = x(u_1 - \bar{u}) = x(1-x)[x(a-c) + (1-x)(b-d)]$；

如果能够求出不同策略下的支付函数数值，则将动态方程可简单记作 $dx/dt = F(x)$。

要想找出复制动态的稳定状态，就要令复制动态方程 $F(x) = 0$。可得到所有复制动态的稳定状态，分别为：

$x^* = 0$

$x^* = 1$

$x^* = (b-d)/(a-b-c+d)$

ESS 策略应该是对微小的系统扰动具有稳健性的，因此，即便是博弈方行为偶然偏离了 ESS，复制动态也能够让其恢复。因此，当干扰使得 x 偏离 x^*，则 $F(x) > 0$ 或 $F(x) < 0$，且满足 $F'(x^*) < 0$，才能满足微分方程的“稳定性”。最终，复制动态方程的相位图可以如图 6-1 所示。

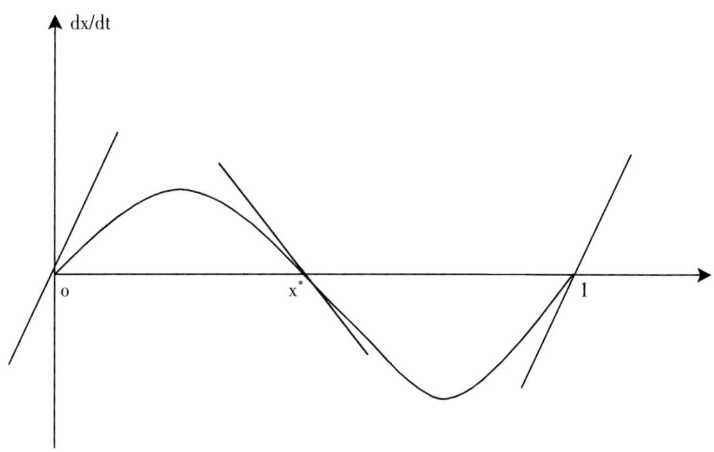

图 6-1　复制动态方程相位图

资料来源：作者绘制。

第二节　种业企业技术创新行为的制约因素分析

一、演化博弈在企业技术创新研究中的应用

过去的一百年里，创新造就了农业。生物技术的发展及在农业领域的应用使发达国家的农业市场结构不断变化，并大幅提高了生产率（Schimmelpfennig et al.，2004）。作为生物技术的应用领域之一，由于对粮食安全和农业生产有着直接的影响，我国颁布了《关于加快推进现代种业发展的意见》等一系列文件发展种业。其中种子创新作为种业产业发展的关键，成为我国种业发展改革的重点。相比发达国家而言，我国种业整体科研水平较低，缺乏“先玉 335”、“郑单 958”等重大技术创新成果，并且越来越依赖国外种子，大量企业无力进行原始创新，模仿创新企业的模仿成果并不理想，一时间我国种业陷入了旧品种长期占领市场、新品种表现不佳的尴尬局面，大量“套牌”和假冒伪劣产品充斥市场，并使我国种业面临“柠檬市场”的失败，危及种业生存。

根据 Nelson 等（1974）的创新进化理论（Evolutionary Theory），如果将产业发展看作一个进化系统，企业的创新行为就是推动产业发展“变异”的关键。但通过我国种业创新主体的创新行为（原始创新和模仿）分析，由于创新往往风险大、市场不确定性高、R&D 投资要求高且周期长，加上受到种业集中度的约束，企业规模较小，导致全国九成的种业企业并不具有科研创新能力（吕明合，2014），从事技术创新的企业数量不足百家，严重限制了种业创新发展的进程，产业创新水平处于较低水平。具体表现为：第一，种业企业的 R&D 投入水平较低，大部分企业或

科研机构没有能力进行原始创新，大量模仿品种的表现也欠佳，依赖国外原始创新技术，原始创新优势被国外种子夺走，出现了天价种子等现象。第二，在缺乏创新产品的情况下，市场竞争加剧致使企业为追求异质化而大行“套牌”和假冒伪劣，抢夺了创新企业的利润，严重挫伤了创新企业的积极性，如“吉祥一号”玉米种被大量“套牌”，导致上市两年便面临销量困境。

但产业的发展源自为数不多的创新企业群体，其中创新群体中原始创新企业是带动整个产业创新水平的关键。如果将创新行为分为原始创新和模仿两类，根据演化经济学，选择原始创新和模仿的企业比例会随着产业的演化发展而不断变化。最初在原始创新进入技术轨道后，模仿创新是防止技术发展被“锁定”或陷入“路径依赖”的关键（Silverberg，1988），而原始创新带来的巨额利润是鼓励不创新企业从事创新的关键，因此，种业整体创新水平的提高仍然受到创新群体创新行为的演变结果的影响。

创新企业的创新模式选择往往经历从学习模仿到原始创新的过渡。大多数国家尤其是发展中国家的农业创新最初源自对其他发达国家技术的模仿（Gershon Feder et al.，1985）。因为模仿相对于创新具有成本低、投资少、时间短的优势（Freeman et al，1997；Mansfield，1981），能够避免创新风险和重复投资，并且有望在模仿中对原始创新进行超越从而形成后发优势（Shankar et al，1998；彭纪生等，2003）。但由于原始创新所带来的价格效应、垄断利益、市场份额和稀缺资源，对农业产出、生产成本和产品质量的积极影响（Huffman and Evenson，1992；Caswell and Zilberman，1986；Roumasset，1976），一些企业会选择从模仿向原始创新转型（Robinson and Fornell，1985；吴延兵等，2011）。

因此，产业发展过程中，创新群体中的原始创新比例和模仿比例会在重复博弈中趋于稳定，对于种业发展亦然。例如，根据美国种业的发展历史，企业的创新竞争导致了垄断，抑制了私人部门的创新活动，因此在 1994~2000 年期间，美国向 USDA 申请对种子新品种进行田间试验的私人申请量呈现出波动趋势，并最终趋于稳定（Jorge et al.，2004）。学者们的理论研究对美国种业创新的实践给予了支持。戴圆圆等（2013）和陆玉梅等（2008）的理论研究结果表明，如果将产业的创新水平看作是企业群体创新行为的重复博弈，则产业的创新水平会在企业的不断重复博弈后趋于稳定。但是，这些学者的研究将企业创新博弈假设为静态博弈过程，支付函数用企业收益来表示，并没有考虑创新周期长短对企业收益的影响。安同良等（2009）的研究表明，创新扩散过程中原创企业和模仿企业对市场控制长度的不同以及市场贴现率的不同会影响企业创新价值。Magnier 等（2010）也强调种业发展中创新竞争程度的提高会缩短生命周期，从而改变企业的创新实力（如学习能力、专用资产投资和技术存量），进而改变企业创新的策略选择。因此，本书以我国种业企业中为数不多的创新企业为研究对象，考虑种业创新周期较长和集中度低的产业结构特点，研究其创新行为的演变过程和均衡结果的影响因素，利用演化博弈论的方法，对种业企业创新的长期重复博弈中的演化稳定结果进行分析，并结合我国种业发展面临的困境给出解释。

二、种业企业技术创新模式选择的演化博弈模型

（一）博弈的基本假设

本书以玉米种为例，假设玉米种市场上有若干个企业生产玉米种并展开竞争，不考虑企业进入和退出，假设企业是有限理性的，并且在博弈过程中不断学习和改进。现如果有一项能够提高发芽率的玉米新品种创新，则对于玉米种市场上的任何企业而言，都有两种创新策略进行选择：原始创新和模仿。

如果将整个创新的过程划分为三个阶段，分别为原始创新阶段、创

新扩散阶段和创新模仿阶段，如图 6-2 所示，整个创新过程的不同阶段，种业企业的策略选择行为可描述如下：所有企业在时间 0 点选择一种创新策略，策略集合为：A_i = {原始创新，模仿}。对于选择原始创新的企业，则在创新阶段（0，t_0）进行创新研发，并且在创新结束的（t_0，t_1）对原始创新进行学习，在（t_1，t_2）的模仿阶段对创新进行模仿。这里假设所有未选择原始创新的企业都选择模仿，而不考虑模仿失败和不创新不模仿的企业，基本符合我国种业发展的基本事实。因为在当前种业市场集中度较低、竞争度较高的情况下，企业为了获得更高的利润都在寻求异质化，从而对销量较好的品种进行模仿和伪装。

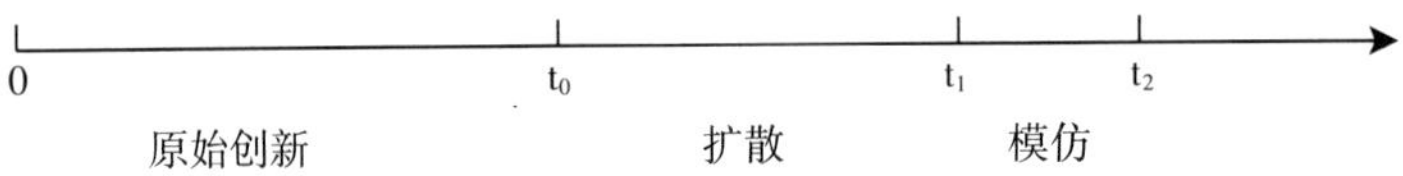

图 6-2 创新阶段示意图

如果将玉米种市场企业的创新博弈看作是多个子博弈的重复博弈，每个企业在时间 0 点做出选择，并在 t_2 时间点结束子博弈，那么每一个子博弈都可看作是静态博弈。由于每一个企业都是有限理性的，并且在重复博弈过程中通过学习、模仿和改进，最终所有的博弈方群体会趋向于某个长期稳定的均衡，实现博弈的均衡状态。因此，整个玉米新品种创新的过程可以看作是演化博弈的过程，在最终的博弈均衡状态下，我们可得知群体中选择创新的企业比例（创新水平），从而得知创新水平的影响因素，并可判断这些影响因素的变动对重复博弈均衡结果的影响。为了简化博弈的过程，本书考虑两个类似玉米种企业 A 和企业 B 的创新博弈，并将从创新到生产的过程描述如下。

（二）企业的创新活动阶段

首先，种子企业的生物技术创新活动需要进行专用性资产的投入。科研创新活动不但需要资金和一般人力资本的投入，最重要的是需要投入具有专业知识和才能的专用性人力资本以及用于生物技术研发的专用性固定资产。而对于模仿的企业而言，其所需要投入的可变资本和固定资本都与创新企业有所不同，一般情况下，模仿企业投入的专用资本比创新企业要少。这里假设原始创新企业所需要投入的专用性人力资本为L，固定资本为K，而进行模仿创新的企业需要投入的专用性人力资本为L^*，固定资本为K^*，且$L>L^*$，$K>K^*$。

其次，种子企业的生物技术创新活动面临着风险。这里如果假定企业的创新过程无记忆，且企业的当期创新活动并不受到之前创新活动经验的影响，那么两个企业都可看作是与过去的科研投入、科技含量积累无关，从而企业进行原始创新成功的可能性就仅与当期的科研投入有关。尽管 Aghion 等（1992）以及易余胤等（2005）将企业创新成功的概率函数用线性方程表示，但由于考虑到要素投入的“规模递减”效应，即专用性劳动力资本和固定资本投入单位的增长所能带来的企业创新成功概率的提高是递减的，因此这里将概率函数设为满足条件的柯布—道格拉斯函数的形式，用于表示创新企业的创新成功的概率分布，即：

$P_y=\ln(IL_y^{\alpha}K_y^{1-\alpha})=\ln I+\alpha\ln L_y+(1-\alpha)\ln K_y$。对于选择模仿的企业，其模仿成功的概率分布可设为：$P_m=\ln(IL_m^{\alpha}K_m^{1-\alpha})=\ln I+\alpha\ln L_m+(1-\alpha)\ln K_m$，由于概率函数大于零，因此概率函数的参数还需满足如下约束：$1\leqslant IL_i^{\alpha}K_i^{1-\alpha}\leqslant e$，$i=\{y, m\}$。

（三）企业的生产活动阶段

对于两个种子企业而言，如果不考虑创新品种的繁育、推广等供应链下游环节成本的不同，从而假设企业研发的终端种子产品直接在市场上进行销售，则企业的整个生产过程中的投入可看作是等同于创新阶段的投入，企业的生产函数可表示为f（L，K），其中，L表示企业投入的专用性人力资本，K表示企业投入的专用性固定资本。

1.（创新，创新）策略的支付

如果在时间 0 点，企业 A 和企业 B 同时选择了原始创新，则在终端产品市场上，双方将会展开博弈，最后达到古诺均衡，即双方会对因为创新所带来的垄断利润平分。如果假设终端市场上购买玉米种的所有农户中，有 β 比例的消费者愿意尝试新品种，而整个玉米种市场的市场份额总价值为 F，则双方企业在整个创新过程中可以获得的利润总额为 βF。如果假定市场达到古诺均衡时双方企业的边际成本为 MC，则双方会将价格定于 $p_0 > MC$，而企业 A 和企业 B 的利润函数可表示为：

$$\pi_A^1 = \pi_B^1 = (p_0 - MC) \times \frac{\beta F}{2p_0}$$

如果假设（0，t_2）期间的市场贴现率不变并设为 $\delta = \frac{1}{1+r}$，其中 r 为不变利率。那么对于企业 A 和企业 B 而言，创新完成开始到整个创新扩散结束的阶段，企业 A 和企业 B 所获得的价值分别为：

$$V_A = \int_{t_0}^{t_2} \delta^t P_y \pi_A dt = P_y \pi_A^1 \times \frac{1}{\ln \delta}(\delta^{t_2} - \delta^{t_0})$$

$$V_B = \int_{t_0}^{t_2} \delta^t P_y \pi_B dt = P_y \pi_B^1 \times \frac{1}{\ln \delta}(\delta^{t_2} - \delta^{t_0})$$

2.（创新，模仿）策略的支付

先假设政府对知识产权的保护非常完善，则在这种情况下，在创新企业创新成功后的（t_0，t_1）期间，由于技术的扩散程度有限，会有一些新企业通过购买企业专利的形式生产新玉米品种，称为质量追随企业（Quality Follower）。在技术扩散的阶段，创新企业为了获取垄断利润，必然将市场价格定为质量追随企业的边际成本。而后，随着质量追随企业的学习和技术的扩散，市场上出现了模仿者，创新企业向质量追随者所收的专利费会逐渐降低到 MC^*，且 $MC^* > MC$。而在知识产权保护并不完善的情况下，模仿企业的成本将会较低，因而模仿企业的最终边际成本

将可能是 $MC^* < MC$，从而创新企业在模仿阶段不再生产产品，因为它们已经无利可图。

如果在时间 0 点，企业 A 选择原始创新，企业 B 选择模仿，那么，在创新扩散阶段（t_0，t_1），市场的全部利润由创新企业 A 获得，并且 A 在市场上处于垄断地位，可根据其垄断优势对产品进行定价，即与两家企业都进行创新时的垄断价格相同为 p_0。如果 A 的创新产品的生产边际成本为 MC，企业 A 在（t_0，t_1）时间段内的利润函数为 $\pi_A^3 = (p_0 - MC) \times \frac{\beta F}{p_0}$。从时间点 t_1 开始，企业 B 通过购买专利生产并学习创新技术，并最终将生产的边际成本降低为与原始创新企业 A 相同，即为 MC。假设双方通过协商后将市场价格定为 p_1，且 $p_0 > p_1 > MC^*$，并假设消费者对创新产品和模仿产品的偏好度分别为 μ 和 $1-\mu$，则模仿阶段所创造的所有价值为：

$$R_m = (p_1 - MC) \times \frac{\beta F}{p_1}$$

企业 A 和企业 B 在（t_1，t_2）所分得的利润分别为：

$$\pi_A^2 = \mu R_m$$

$$\pi_B^2 = (1 - \mu) R_m$$

因此，对于模仿企业 B 而言，其整个子博弈过程中所获得的创新价值为：

$$V_B^* = \int_{t_1}^{t_2} \delta^t P_m \pi_B^2 dt = P_m \pi_B^2 \times \frac{1}{\ln \delta}(\delta^{t_2} - \delta^{t_1}) = P_m (1 - \mu) R_m \frac{1}{\ln \delta}(\delta^{t_2} - \delta^{t_1})$$

$$V_A^* = \int_{t_0}^{t_1} \delta^t P_y \pi_A^3 dt + \int_{t_1}^{t_2} \delta^t P_m \pi_A^2 dt = P_y \pi_A^3 \times \frac{1}{\ln \delta}(\delta^{t_1} - \delta^{t_0}) + P_m \pi_A^2 \times \frac{1}{\ln \delta}(\delta^{t_2} - \delta^{t_1})$$
$$= P_y \pi_A^3 \times \frac{1}{\ln \delta}(\delta^{t_1} - \delta^{t_0}) + P_m \mu R_m \frac{1}{\ln \delta}(\delta^{t_2} - \delta^{t_1})$$

3.（模仿，创新）策略的支付

如果在时间 0 点，企业 A 选择模仿，企业 B 选择原始创新，则同样的，对于企业 B 而言，会在创新扩散阶段（t_0，t_1），获得全部利润。

而在模仿阶段（t_1，t_2）时期，会与模仿企业 A 以市场份额分享市场利润。因此，假定模仿阶段的市场总利润为 $R_m=(p_1-MC)\times\frac{\beta F}{p_1}$，

则 A 企业的市场份额为 $1-\mu$；

B 企业份额为 μ；

企业 A 和企业 B 在（t_1，t_2）所分得的利润分别为：

$$\pi_A^2=(1-\mu)R_m$$

$$\pi_B^2=\mu R_m$$

因此，对于模仿企业 A 而言，其整个子博弈过程中所获得的创新价值为：

$$V_A^{**}=V_A^*=\int_{t_1}^{t_2}\delta^t P_m\pi_A^2 dt=P_m\pi_A^2\times\frac{1}{\ln\delta}(\delta^{t_2}-\delta^{t_1})=P_m(1-\mu)R_m\frac{1}{\ln\delta}(\delta^{t_2}-\delta^{t_1})$$

$$\begin{aligned}V_B^{**}=V_B^*&=\int_{t_0}^{t_1}\delta^t P_y\pi_B^3 dt+\int_{t_1}^{t_2}\delta^t P_m\pi_B^2 dt\\&=P_y\pi_B^3\times\frac{1}{\ln\delta}(\delta^{t_1}-\delta^{t_0})+P_m\pi_B^2\times\frac{1}{\ln\delta}(\delta^{t_2}-\delta^{t_1})\\&=P_y\pi_B^3\times\frac{1}{\ln\delta}(\delta^{t_1}-\delta^{t_0})+P_m\mu R_m\frac{1}{\ln\delta}(\delta^{t_2}-\delta^{t_1}),\end{aligned}$$

且 $\pi_B^3=\pi_A^3=(p_2-MC)\times\frac{\beta F}{p_2}$

4.（模仿，模仿）策略的支付

如果在时间 0 点，企业 A 和企业 B 都选择模仿，则市场上没有原始创新，如果不考虑从国外市场引进原始创新的情况下，企业 A 和企业 B 的收益都为 0，即支付组合为（0，0）。

（四）种业企业技术创新博弈的支付矩阵

根据上文对四种策略下企业 A 和企业 B 选择原始创新或模仿下企业的支付来看（见表 6-2 和表 6-3），可以将整个静态博弈表示为如下矩阵：

表 6-2　种业企业创新博弈的支付矩阵（1）

		企业 A	
企业 B		创新	模仿
	创新	V_A，V_A	V_A^*，V_B^*
	模仿	V_B^*，V_A^*	0，0

如果假设 $\varepsilon_1=\frac{1}{\ln\delta}(\delta^{t_2}-\delta^{t_1})(p_0-MC)\times\frac{\beta F}{2p_0}$

$$\varepsilon_2=\frac{1}{\ln\delta}(\delta^{t_2}-\delta^{t_1})(p_1-MC)\times\frac{\beta F}{p_1}$$

$$\varepsilon_3=\frac{1}{\ln\delta}(\delta^{t_1}-\delta^{t_0})(p_0-MC)\times\frac{\beta F}{p_0}$$

支付矩阵可表示为表 6-3：

表 6-3　种业企业创新博弈的支付矩阵（2）

		企业 A	
企业 B		创新	模仿
	创新	$p_y\varepsilon_1$，$p_y\varepsilon_1$	$(1-\mu)p_m\varepsilon_2$，$p_y\varepsilon_3+\mu p_m\varepsilon_2$
	模仿	$p_y\varepsilon_3+\mu p_m\varepsilon_2$，$(1-\mu)p_m\varepsilon_2$	0，0

三、种业技术创新模式演化的稳定策略分析

根据演化博弈理论，种业发展初期，种业企业群体作为博弈方，其对企业的创新决策是处于较低层次的有限理性，因此在最开始，所有群体的理性策略不可能是选择原始创新，往往仅仅有少量企业会选择进行原始创新。这里，我们假设在最开始选择原始创新策略的企业比例为 x，则模仿的企业为 1-x。在随后的博弈方随机配对博弈中，每个博弈方遇到对方实施创新策略的概率为 x，碰到博弈对手实施模仿策略的概率为 1-x。因此，对于任意博弈方的博弈取决于自己的类型以及随机分配的博弈对手类型，只要群体中选择创新策略的企业的增长率及其相对适应度比该群体的平均适应度高，则群体中选择创新策略的群体就会增加。

对于所有的种业企业群体而言，以采用“创新”类型的博弈方的比例为例，其动态变化速度可以通过如下动态微分方程表示：

$$\frac{dx}{dt}=x(u_y-\bar{u})$$

$$u_y=x\times p_y\varepsilon_1+(1-x)(p_y\varepsilon_3+\mu p_m\varepsilon_2)$$

$$u_m=x\times(1-\mu)p_m\varepsilon_2+(1-x)\times 0$$

$$\bar{u}=x\times u_y+(1-x)u_m$$

$$F(x)=\frac{dx}{dt}=x(1-x)\{x[p_y\varepsilon_1-(p_y\varepsilon_3+\mu p_m\varepsilon_2)]+(1-x)(1-\mu)p_m\varepsilon_2\}$$

根据上文所计算的复制动态方程，可以算出种业企业群体进行创新博弈的进化稳定策略。另 F（x）=0，可得复制动态可能处于稳定的三种状态，即 $x^*=0$，$x^*=1$，以及 $x^*=\frac{(1-\mu)p_m\varepsilon_2}{p_y(\varepsilon_1-\varepsilon_3)-p_m\varepsilon_2}$。

由于复制动态会使 x 恢复到 x^*，因此，要想求得进化稳定策略 ESS，则需要 x^* 处的 $F(x)$ 满足“稳定性定理”，即 $F'(x^*)<0$。对 $F(x)=0$ 时的 x^* 数值带入求导，可得 $F'(0)<0$，且 $F'(1)<0$，$x^*=\frac{(1-\mu)p_m\varepsilon_2}{p_y(\varepsilon_1-\varepsilon_3)-p_m\varepsilon_2}$ 时，$F'(x^*)<0$，因此该取值为演化博弈的稳定策略 ESS。因此，复制动态的方位图（如图 6-3 所示）。如果将 $x^*=\frac{(1-\mu)p_m\varepsilon_2}{p_y(\varepsilon_1-\varepsilon_3)-p_m\varepsilon_2}$ 简化，则可得：

$x^*=\frac{\mu-1}{2\times\frac{p_y}{p_m}\times\left[\frac{(\delta^{t_1}-\delta^{t_0})}{(\delta^{t_2}-\delta^{t_1})}-1\right]\times\frac{1-MC/p_0}{1-MC/p_1}+1}$，其中 x^* 的大小与 μ 成正比，而与 $\frac{p_y}{p_m}$、$\frac{\delta^{t_1}-\delta^{t_0}}{\delta^{t_2}-\delta^{t_1}}$ 和 $\frac{1-MC/p_0}{1-MC/p_1}$ 成反比，也就是说，农民越倾向于采购新品种，则市场的创新水平越高，而原创成功概率相对模仿成功概率越高，或原创产品占领市场的时间相对越长，以及原创产品的垄断能力越强，则市场的创新水平会越低（见图 6-3）。

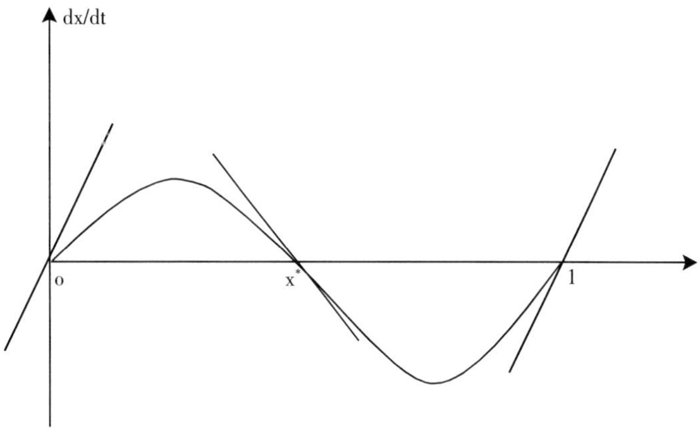

图 6-3　演化博弈的复制动态方程相位图

四、演化博弈结果对我国种业技术创新困境的解释

（一）知识产权保护缺失导致"柠檬市场"效应

上文在进行演化博弈分析时，假设知识产权保护制度是健全的，在这种情况下，企业需要支付高于原创企业原创成本的价格购买知识产权并进行学习和模仿。而在知识产权保护制度不健全的情况下，拥有创新技术的企业无法获得知识产权收益，仿冒的风险和成本很低，加之农民对产品的辨识度很低，原来的企业静态博弈演变成了不完全信息的二手车市场博弈，需要指出的是，模仿不等同于仿冒和伪装。模仿是在原始创新基础上进行的改造，其生产产品不同于原始创新的新品种，而伪装则是对名不副实的产品进行外形、包装上的伪装后以较高的价格或等同于原创产品的价格出售以获取利润。根据二手车市场博弈模型的均衡分析，最终的纳什均衡结果取决于伪装成本，当伪装成本极低的时候，市场将会走向失败，并出现"柠檬市场"效应。在这种情况下，创新将会被驱逐出市场，而假冒伪劣行为普遍存在。

我国当前市场上较多的种子进行的是伪装而非模仿，套牌种子导致中国种业市场面临失败。由于我国对品种自主知识产权的保护力度有限，导致我国种子市场上“种质剽窃”和假冒伪劣、套牌现象频发，挤占了创新品种的市场，并使我国种业技术创新领域不断朝着“仿冒”的方向演化。根据黄季焜（2010）、仇焕广等（2013）、佟屏亚（2013）以及张世煌（2013）对我国种业的调研分析和总结，我国种子市场存在着普遍的侵权行为，市场上有大量低水平重复的雷同品种和假冒品种，以玉米种为例，市场上玉米品种有上百个，但骨干品种仅有三四个。例如，“郑单958”的合法经营授权企业有5家，但不合法的有40多家，市场销售的“先玉335”有超过一半为仿冒品，其中套牌最为严重。此外，对于模仿品种而言，套牌、剽窃行为也严重影响了模仿产品的市场销售，如类“郑单958”产品、“吉祥一号”玉米种上市两年就遭遇套牌，销量严重下降。由于知识产权保护措施的不健全，有些年份的品种审定中甚至有2/3是仿制、套牌或修饰品种（《南方周末》，2014；《农资导报》，2013），这极大地降低了仿冒产品的侵权成本和风险，从而在市场博弈中最终的均衡结果将会走向失败：即假冒伪劣和套牌种子盛行，模仿产品和创新产品被挤出市场。

（二）种业市场虚假繁荣下面临技术溢出约束

根据演化博弈的结果，$\delta^{t_1}-\delta^{t_0}$和$\delta^{t_2}-\delta^{t_1}$对种子市场的创新水平具有直接影响。而其中前者代表原创品种占领市场的时间，后者代表模仿产品产生到产品生命周期结束的时间，原创产品占领市场时间越长，或模仿所需时间越短，则市场的创新水平就越低。而当原创产品的市场占领周期缩短，模仿产品占领市场的时间在产品生命周期中增长的时候，企业就越倾向于进行原始创新。该结论与Magnier等（2010）对美国种业市场进行的分析结果基本一致，作者认为企业的创新行为能够缩短生命周期。

由于品种审定制度对参照标准的规定过于狭窄，约束了我国种业技术创新的扩散，导致我国原创产品的市场主导时间较长，$\delta^{t_1}-\delta^{t_0}$和$\delta^{t_2}-\delta^{t_1}$的比值较大，因而市场原始创新比例较小。从我国种业当前的情况看，

尽管市场上存在大量假冒伪劣或套牌种子，但其实种子品种仍然是少数几种。以玉米种市场为例，忽略五花八门的包装、品牌，市场销售的种子大多是“郑单958”、“先玉335”等少数几个品种，其中“郑单958”作为我国优秀的玉米品种销售已经十几年，虽然一直有模仿产品出现，但都因为性能不及“郑单958”而无法撼动其市场的主导地位。因此，原创产品的市场主导时间相比美国等发达国家要长得多，即$|\delta^{t_1}-\delta^{t_0}|$较大。同时，剔除套牌和假冒伪劣种子，我国模仿品种数量较少，市场占有量相对原创产品也较少。且受到假冒伪劣种子的影响，其市场的占领时间缩短，即$|\delta^{t_2}-\delta^{t_1}|$较小，例如“吉祥1号”玉米种作为类“郑单958”品种实现了产量和稳定性、抗性等方面的超越，但上市两年遭到套牌品种的严重影响，销量大幅下降。

（三）低市场集中度约束了模仿企业创新投入和市场定价能力

第一，低市场集中度限制企业专用性资产的投入能力，模仿创新的失败概率很高，无力从模仿中积累资本对企业边界进行扩张，从而陷入市场集中度与创新互相制约的恶性循环。根据演化博弈的结果，企业的创新成功率和模仿成功率都与企业投入的专用性人力资源及专用性固定成本的多少有正相关关系。企业可通过先模仿后创新，在模仿过程中积累技术、学习知识并获得超额利润，从而实现企业边界的扩张（王洋，2009），推动产业集中度的提高。然而，我国种业的过低集中度约束了企业的专用性要素投入能力，模仿创新活动失败率极高。2010年，我国种业CR4为8.6%，CR8为15.9%（仇焕广等，2013），属于分散竞争型结构，大部分企业规模较小，进行专用资产投资的能力较弱。虽然有很多企业对原始创新产品进行模仿，但大部分模仿品种无法超越创新品种，从而被市场套牌和假冒伪劣产品挤出市场，导致模仿的失败。在模仿风险高和竞争度高的市场环境下，大部分企业选择花费较低成本请科研机构对现有品种进行简单修饰后推向市场，市场上产品的同质化现象严重，市场利润被大幅压缩，产业集中度无法提高，从而整个产业陷入了集中度越低创新活动越少的恶性循环。该结论与 Schimmelpfennig 等（2004）对美国 20 世纪 90 年代处于市场领导地位的种业企业的研究结果基本一致，该作者认为市场集中度影响了私人部门对 R&D 的投资，在良好的自有知识产权保护下，较高的市场集中度能够带来更多的创新收益，从而促进了企业创新行为。

第二，低市场集中度降低了模仿期企业的市场定价能力，阻断了企业的技术学习途径。根据本书的研究结果，市场的创新水平与技术扩散期的企业定价、模仿期的企业定价有关。目前，我国种业市场上，创新品种刚上市的扩散时期定价能力明显强于模仿时期的企业市场定价能力，这并不利于市场创新水平的提高。农户在购买种子时受价格的影响越来越弱（仇焕广等，2013），因此市场上出现了“天价种子”现象，一些国外进口的新品种如“先玉 335”、“坂田七寸”蔬菜种子等价格极高，毛利润能达到 50%以上（《中国证券报》，2014）。而进入模仿期后，市场整体价格被压低，如“郑单 958”在入市初期利润极高，但随着模仿产品的大量出现，价格下调，利润率不到 30%，其模仿产品的价格同样不高。在低集中度的环境下，大部分模仿企业无法通过模仿活动积累技术和资本，从而更加无力进行创新活动。

（四）消费者偏好保守不利于种业企业创新的增加

根据上文的演化博弈结果，在知识产权制度完善的市场环境下，消费者越偏好购买创新产品，市场上的企业进行原始创新的比例就越高。但是，根据仇焕广等（2013）对农户的种子消费特点的调研情况看，73%的农户认为市场种子品种太多，害怕买到假冒伪劣种子。且农户对新品种的偏好受到市场环境和信息不对称的影响而趋于保守，这显然不利于种业企业创新比例的增加。

（五）企业的短见对种业创新的约束

前文在对演化博弈结果的计算过程中，企业的支付函数是产品生命周期内创新对企业的价值，考虑了市场贴现，以考量时间、贴现对企业创新行为的影响。由于种业创新产品的生命周期较长，因而企业在进行创新决策时必然会受到贴现率的影响。目前，集中度较低的种业市场上，企业的规模往往较小，进行规划时较为短见，不愿意进行周期较长的创新投资，因而，在考虑创新研发投资时很多企业不考虑创新价值的贴现效应，对创新价值的估计大大低于其真实价值。

第三节　种业制度对企业技术创新的影响实证分析

前文已经对我国种业技术外溢强度、种业知识产权保护强度等数据进行了测算。而根据本书的演化博弈模型分析结果，我国种业企业的技术创新行为除了受到技术溢出、知识产权保护等因素影响外，还与企业自身的市场集中度、消费者偏好等因素有关。为了验证企业的技术创新行为与企业自身市场竞争情况的相关性，本书以我国主要种业企业的R&D投入为测量种业企业技术创新投入行为的主要参考性因素，对影响种业企业技术创新的企业参与市场竞争能力因素进行分析，了解其与企业技术创新投入之间的关系。由于我国种业企业的整体经营规模较小，市场集中度较低，处于竞争性市场的水平（根据第三章的市场集中度数据可以看出），因此，大部分种业企业的研发投入数据较难获得。鉴于此，本部分选择企业披露数据较全的上市种子公司作为研究对象，对目前已经上市的8家种子企业的技术创新行为进行实证研究。

一、我国种业企业的技术研发经营状况描述

（一）我国种业上市公司的技术研发投入强度增强

目前我国共有上市种子企业 8 家，分别为隆平高科、登海种业、敦煌种业、丰乐种业、中农发种业、荃银高科、万向德农和神农大丰，另有 6 家新三板企业，分别为北大荒、北京联创、红旗种业、江苏中种、秋乐种业、新疆锦棉。由于新三板企业规模较小，且发展较晚，有关研发投入的数据披露不甚完善，因此，本部分只选择 8 家上市种子公司的研发数据进行研究。

从我国各种业上市公司的研发投入数据的统计看，2009 年以来，研发投入的规模呈现出波动上涨趋势，尤其从 2012 年上半年开始，大部分企业的研发投入总量出现了大幅上涨。这说明我国种业企业的技术研发投入总量越来越大（见图 6-4）。根据各上市公司研发投入占销售量的比

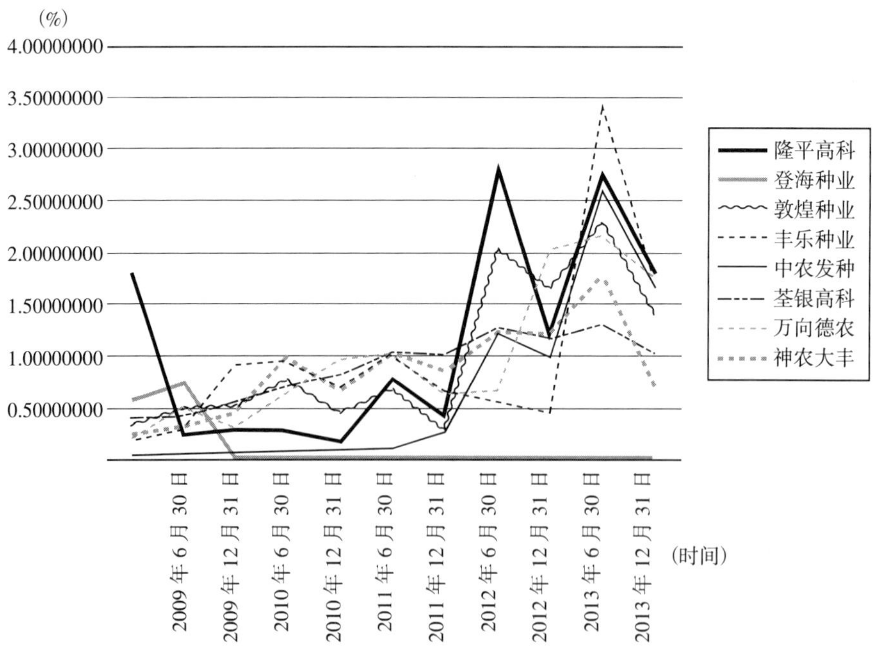

图 6-4　种业上市企业的研发支出变化趋势

值结果（见表 6-4），大部分上市公司的科研投入占销售收入的总量比越来越大，尤其自 2011 年改革以来，增长有加速趋势，说明种业上市企业对技术创新和研发活动的重视程度有所提高。

表 6-4 我国主要种业上市公司的研发投入统计

单位：元

时间	隆平高科	登海种业	敦煌种业	丰乐种业
2009 年 6 月 30 日	3912383	9783143	779637	1271516
2009 年 12 月 31 日	4046383	12300569	1169456	1907273
2010 年 6 月 30 日	4918461	262680	1179145	5733382
2010 年 12 月 31 日	4684589	475390	1768718	5959618
2011 年 6 月 30 日	3008597	198600	1040800	4317485
2011 年 12 月 31 日	13111108	132400	1561200	6476227
2012 年 6 月 30 日	7076716	178390	675764	4157331
2012 年 12 月 31 日	47010522	177430	4626711	3321119
2013 年 6 月 30 日	19841001	188950	3745567	2830655
2013 年 12 月 31 日	45714886	96650	5187015	21026012
2014 年 6 月 30 日	30275497	86490	3169529	10463805
时间	中农发种	荃银高科	万向德农	神农大丰
2009 年 6 月 30 日	170288	2789041	1219549	2098789
2009 年 12 月 31 日	199439	2987330	2985792	2765298
2010 年 6 月 30 日	306598	3925537	1825270	3751300
2010 年 12 月 31 日	317410	4971137	3878698	8349700
2011 年 6 月 30 日	247374	5786208	5666663	5533100
2011 年 12 月 31 日	371061	7327415	6043397	8654400
2012 年 6 月 30 日	919448	7071073	3779527	7127700
2012 年 12 月 31 日	4100182	8954514	4030799	10256900
2013 年 6 月 30 日	3346622	8096486	12056713	10137000
2013 年 12 月 31 日	8711601	9114323	12858274	14861210
2014 年 6 月 30 日	5679462	7141976	10413537	5923140

注：数据来自各上市公司每年的财务年报、半年报，其中神农大丰、荃银高科和中农发种业的上市时间在 2009 年以后，因此，2009 年数据缺失，本书依据其招股说明书、企业披露的财务年报等数据进行填补。

表 6-5　研发支出占销售收入的比重

单位：%

年份	隆平高科	登海种业	敦煌种业	丰乐种业	中农发种	荃银高科	万向德农	神农大丰
2009	1.27	3.89	0.2	0.75	0.27	3.53	0.63	1.71
2010	1.6	0.08	0.28	2.15	0.43	4.93	0.97	3.1
2011	2.11	0.03	0.21	1.78	0.4	4.7	2.08	3.38
2012	3.91	0.03	0.53	1.08	1.79	3.94	1.18	4.15
2013	4.71	0.02	0.82	3.38	2.28	3.69	6.03	6.27
2014	5.06	0.02	4.59	4.91	4.23	4.38	5.76	3.17

（二）我国种业上市公司的市场销售收入增幅放缓

从上市公司的市场销量收入的半年度数据看（见表 6-6），以 2011 年为节点，敦煌种业、中农发种业、万向德农和神农大丰的销售业绩在 2012 年有所下滑，而另外几家企业的销售收入则呈现上升趋势（见图 6-5），但增幅放缓。

表 6-6　种业上市公司的市场销售收入

单位：万元

时间	隆平高科	登海种业	敦煌种业	丰乐种业
2009 年 6 月 30 日	27630.16	32006.96	25370.89	21951.87
2009 年 12 月 31 日	34857.49	24775.21	70695.57	20180.23
2010 年 6 月 30 日	41554.43	48404.2	27897.68	23305.54
2010 年 12 月 31 日	18352.86	44679.75	77736.43	31015.71
2011 年 6 月 30 日	49587.71	40345.02	27574.02	20807.84
2011 年 12 月 31 日	26884.19	74160.15	93491.61	39678.22
2012 年 6 月 30 日	61357.13	31985.03	20964.6	26595.9
2012 年 12 月 31 日	77089.44	84467.7	78487.21	42491.3
2013 年 6 月 30 日	56241.61	60927.15	17169.19	19399.03
2013 年 12 月 31 日	82854.51	88662.53	91109.29	51148.34
2014 年 6 月 30 日	59782.91	55878.44	6901.57	21332.74

时间	中农发种	荃银高科	万向德农	神农大丰
2009 年 6 月 30 日	3934.08	5747.31	35777.84	16790.35
2009 年 12 月 31 日	9623.11	10615.05	30755.54	11667.87
2010 年 6 月 30 日	4835.51	5332.64	31074.11	22384.38
2010 年 12 月 31 日	9729.46	12697.07	27647.49	16619.72
2011 年 6 月 30 日	2640.92	7104.72	26339.78	27350.93

续表

时间	中农发种	荃银高科	万向德农	神农大丰
2011 年 12 月 31 日	12893.89	20804.21	29874.88	14654.12
2012 年 6 月 30 日	4529.22	15265.69	30918.01	24705.53
2012 年 12 月 31 日	23544.92	25409.16	35143.86	17235.38
2013 年 6 月 30 日	6792.56	13441.05	22324.23	22275.7
2013 年 12 月 31 日	46136.99	33165.62	18977.28	17586.06
2014 年 6 月 30 日	13435.1	16312.73	18090.12	18698.58

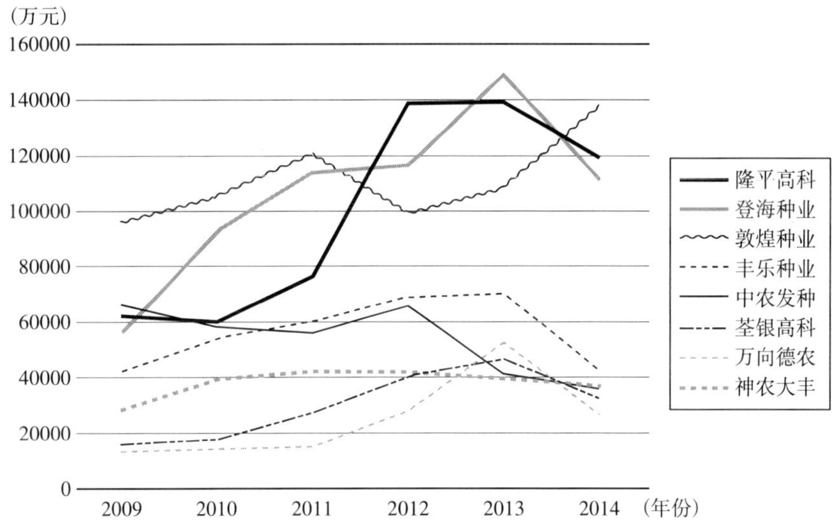

图 6-5 我国种业企业市场销售收入变动趋势

(三)我国种业上市公司的盈利能力大部分有所下滑

通过对 8 家上市种业企业的净资产收益率进行测算，结果如表 6-7 所示，可以发现，种业上市企业的盈利能力在 2011 年后呈现出分化趋势，隆平高科、登海种业的市场盈利能力相比改革之前有所增加，其余的企业净资产收益率相比 2011 年之前有明显的下降，且有些企业的盈利率已经为负，面临着亏损。

表 6-7 我国主要种业上市公司的净资产收益率

单位：%

时间	隆平高科	登海种业	敦煌种业	丰乐种业	中农发种	荃银高科	万向德农	神农大丰
2009 年 6 月 30 日	3.25	9.3	−5.34	5.92	−0.94	17.81	8.04	12.98
2009 年 12 月 31 日	5.21	13.16	4.96	12.27	−6.26	48.32	12.14	17.59
2010 年 6 月 30 日	2.15	17.97	0.2	13.51	−2.1	7.33	8.13	14.45
2010 年 12 月 31 日	7.72	24.74	12.5	15.74	10.71	9.2	12.32	19.56
2011 年 6 月 30 日	5.17	9.83	−3.2	4.49	0.22	0.7	10.53	5.87
2011 年 12 月 31 日	13	22.57	1.46	4.89	1.54	3.89	21.68	5.74
2012 年 6 月 30 日	7.02	5.96	−14.2	2.26	0.42	0.88	8.95	3.79
2012 年 12 月 31 日	14.94	20.81	−12.3	5.68	3.73	3.99	20.35	4.59
2013 年 6 月 30 日	8.26	10.77	−7.03	1.11	−0.23	−1.76	2.1	3.22
2013 年 12 月 31 日	14.62	22.6	1.75	4.54	4.03	1.35	−9.09	2.88
2014 年 6 月 30 日	8.02	9.42	−13.6	1.12	−0.25	−0.65	−4.75	0.54

二、我国种业企业技术创新行为制约因素的面板分析

（一）研究假设

根据上文对我国种业上市企业 2009~2014 年的半年度和年度财务数据的变化趋势分析，随着种业改革的进行，种业企业的技术研发投入强度有所增强，但近年来，技术溢出强度的不断增加以及 IPR 保护强度的持续增强，尤其是 2011 年以来，对种业市场上的行政执法力度越来越强，种业上市企业的盈利能力出现了分化，部分上市种业企业盈利能力在改革后不断增强，而大部分种业企业的盈利能力有所下降，甚至出现了资产收益率为负的情况。

据此，本书对技术创新的制约因素研究提出如下研究假设：

假设 1：种业企业的技术创新投入强度与种业企业的盈利能力成反比。根据上文对种业企业技术创新行为演化博弈长期结果的分析，我国目前整体市场集中度较低，整个种业市场处于竞争的市场结构下，极大地限制了企业的盈利能力，因此在 2013 年，我国首次出现了两杂种子价

格下降的情况，说明了市场竞争的白热化。因此，大多数种业企业将大量的精力用于产业中下游的市场竞争，主要通过价格手段、推广手段等赢得市场份额，而非利用上游的产品创新和研发竞争获取市场竞争优势。在这种较强竞争环境下，当企业盈利能力提升时，企业并不会通过提高研发投入获取市场份额，反而会压低价格以获得市场销量。因此，在低市场集中度的假设下，企业的盈利能力与企业的 R&D 投入强度之间可推定为负相关关系，据此，本书提出假设 1。

假设 2：种业企业的技术创新投入强度与知识产权执法力度成正比。根据上文对种业企业技术创新行为的理论分析，知识产权保护强度的增强，理论上能够增加创新企业的创新收益，并且增加模仿企业、假冒伪劣造假企业的模仿成本，从而鼓励企业进行自主创新。因此，本书据此假定，种业企业的技术创新投入强度会在知识产权执法力度增强的同时成正比地提高，并提出假设 2。

假设 3：种业企业的技术创新投入强度与技术溢出成正比。本书的理论研究结论认为，种业市场技术溢出水平低，从而限制了技术扩散，导致原始创新技术较长时间地占据市场，无法通过溢出催生模仿和新一轮的技术创新，于是大部分企业没有途径进行创新溢出的学习，降低了企业技术创新的积极性，大部分企业也不会做出进行创新的决策。因此，随着技术创新的外溢强度增加，企业的技术创新学习成本降低、学习渠道增加，反而会增加企业的技术创新投入。因此，本书假设企业的研发投入强度与整个社会的技术溢出成正比。

（二）数据来源和计量模型

为了验证上述的三个假设，本书需要对种业企业技术创新的投入强度、技术溢出、农业新品种知识产权保护强度、企业盈利能力数据进行搜集。本书选择通过上市公司公开披露的财务年报、半年报为数据来源，用企业的研发投入除以企业当期的销售额作为企业技术创新的投入强度数据，用灰色关联度分析法计算的企业技术溢出水平数据作为技术溢出强度的测算指标，并且用上一章测算的知识产权保护强度数据作为种业知识产权保护的测算指标进行测算。由于种业上市企业自身发展的问题，在财务数据的披露等方面还有很多不健全的地方，加上我国对农业相关领域数据统计较为落后，本书的知识产权保护强度、技术溢出强度等数据只能截至 2013 年。因此，在本部分的计量分析中，应用 GM（1，1）灰色预测法，对 2014 年的知识产权保护强度和技术溢出强度进行了测算，并最终选择 2009~2013 年的数据为样本进行分析。考虑到本书所选择的上市企业中有 3 家是在 2010 年以后上市的，2009 年的财务数据披露不够全面，本书通过对《证券研报》、企业网站披露的招股说明书的信息，对荃银高科、中农发种业和神农大丰 3 家公司 2009 年的财务数据进行了部分估算，且估算值是依据本书搜集的有披露的大致数量级进行的估算。本书对 8 个横截面样本、累计 5 年的数据进行计量分析。由于本书的分析样本横截面数量多于时间数据，总体属于短而宽的面板数据，因此选择面板结构方法时，用 Eviews8.0 对数据进行处理和测算。

（三）计量分析

1. 单位根检验

首先，对数据进行标准化处理，用 RDP 表示种业企业技术创新的投入强度，即 RDP = 企业科研投入数/企业当期销售量；用 P 表示净资产收益率，用于表示企业的盈利能力，其中 P = 税后利润/所有者权益；用 IPR 表示我国不同年度的植物新品种知识产权保护强度；用 V 表示农业技术溢出，其数值用第二节的 β_{12}/β_{11} 测算。数据的标准化处理用原始数据减去样本均值后，除以标准差。

其次，进行单位根检验。对于标准化后的各样本数据，还应该确保数据是平稳的，因此要进行单位根检验，以分析数据的平稳性。ADF 检验是在 DF 检验的基础上进行改进而形成的一种检验序列平稳性的方法，该方法是单位根检验方法中最为常用的一种。1988 年，Phillips 和 Perron 又对 ADF 检验进行了非参数修正，提出了 PP 检验统计量，该统计量不仅考虑到 ε_t 的异方差性，同时也考虑了自相关误差所产生的影响。本部分利用 LLC、ADF 和 PP 方法对变量 X 和 Y 进行检验，表 6-8 列出了单位根检验的结果。

表 6-8 各变量单位根检验结果

Method	Statistic	Prob.**	Crosssections	Obs
Null：Unit root（assumes common unit root process）				
Levin，Lin & Chut*	-18.3767	0.0000	8	40
Null：Unit root（assumes individual unit root process）				
Im，Pesaran and Shin W-stat	-2.93729	0.0017	8	40
ADF-Fisher Chi-square	31.5774	0.0113	8	40
PP-Fisher Chi-square	31.4898	0.0116	8	40

注：** 表示在 10%置信水平上拒绝原假设，表明变量为一阶单整，即两组数据具有很强的平稳性。这符合进行协整检验的前提。

从单位根检验结果可以看出，各变量均通过单位根检验，即说明各变量不存在单位根，是平稳序列。从经济学意义上说，变量间存在长期协整关系，故此处不需进行协整检验，可直接建立面板回归模型。

2. 建立模型

为了研究种业企业技术研发投入强度与知识产权保护程度、企业盈利能力、技术溢出强度之间的相关关系，本书建立如下计量模型：

$$RDP_{it}=\alpha+\beta_1 P_{it}+\beta_2 IPR_{it}+\beta_3 V_{it}+\mu_{it}，i=1，2，\cdots，8；t=1，2，\cdots，5$$

其中，RDP_{it} 为 8 个种业上市公司每年的研发投入强度，数据为标准化后的数据；P_{it} 表示 8 个种业上市企业的资产收益率标准数据；IPR_{it} 表示我国农业新品种知识产权保护强度，且 V_{it} 表示我国农业技术创新的外溢强度，所有数据都经过标准化处理。通过该模型描述种业企业的技术创新投入与企业自身的盈利能力、我国知识产权保护强度以及技术溢出强度之间的线性关系。

在对面板数据进行建模时通常分为三种类型：①混合回归模型，这类模型假设所有的横截面个体在各个不同时期的斜率和截距都是相同的，即不同个体从时间上看不存在显著性差异，并且不同截面之间也不存在显著性差异；②固定效应回归模型，此模型假设解释变量中不包含一些影响被解释变量的不可观测的确定性因素，即无法观测到的地区差异构成的残差项与自变量相关；③随机效应回归模型，假设解释变量中不包含一些影响被解释变量的不可观测的确定性因素，即无法观测到的地区效应构成的残差是随机分布的，并与自变量严格不相关。每种回归模型的回归结果不同，本部分对三种估计方法分别进行分析。

首先，在上文已经建立的计量模型中引入了虚拟变量 V。根据本章对农业技术外溢强度的计算结果，农业技术外溢强度连年来呈现增长态势，且 2009~2014 年，每年的技术外溢数值是不一样的，具有时间效应。这里为了研究 V 对因变量的影响，我们设定虚拟变量取值为：0 表示 2009 年，1 表示 2010 年，2 表示 2011 年，3 表示 2012 年，4 表示 2013 年，5 表示 2014 年。由于引入了虚拟变量，因此不需要进行 F 检验（“冗余”检验），这里首先建立随机效应模型，其次进行 Hausman 检验，结果如表 6-9 所示。从表 6-9 的计算结果可以看出，检验统计量所对应的 P 值为 0.9939，大于 0.05，因此不能拒绝原假设，即认为应该建立随机效应模型。

表 6-9　Eviews 随机效应模型检验结果

Correlated Random Effects—Hausman Test			
Equation：GOOD			
Test Summary	Chi-Sq. Statistic	Chi-Sq. d.f.	Prob.
Period random	0.000058	1	0.9939

其次，建立随机效应模型。由于本研究所用面板数据属于横截面个数大于时序个数的情况，所以进行回归的时候，权数选择按截面加权

(Cross-section Weights) 的方式，表示允许不同截面存在异方差现象。而估计方法采用 PCSE 即面板校正标准误方法，可以有效地处理复杂的面板误差结构。最后所建立的面板回归模型为个体固定时点随机效应模型，结果如表 6-10 所示。

表 6-10　个体固定时点随机效应模型分析结果

Dependent Variable: LOG (PDR)				
Method: Panel EGLS (Period random effects)				
Swamy and Arora estimator of component variances				
Cross-section SUR (PCSE) standard errors & covariance (d.f. corrected)				
Variable	Coefficient	Std. Error	t-Statistic	Prob.
C	-1.123486	0.202691	-5.542862	0.0000
P (-1)	0.011251	0.012274	5.216610	0.0369
V1	0.335372	0.033212	10.09805	0.0000
IPR	13.02345	2.602910	5.003420	0.0000
R-squared	0.895516	Mean dependent var		0.250890
Adjusted R-squared	0.859487	S.D. dependent var		1.680924
S.E. of regression	0.630096	Sum squared resid		11.51360
F-statistic	24.85543	Durbin-Watson stat		1.259204
Prob (F-statistic)	0.000000			

3. 回归分析结果

根据表 6-11 对数据处理的结果显示，Log (RDP) 与滞后一阶的 P 成正比，同时，作为虚拟变量引入的 V 与 RDP 的对数同样成正比，RDP 取对数数值与 IPR 也成正比。但是在不对 P 做滞后一阶的数据处理时分析的结果显示呈负相关关系，且其余变量无法通过相关性检验，可以看出，即 P 与企业的技术创新投入强度之间并不存在相关关系（这里 Prob = 0.0595 > 0.05），而当期企业的技术创新投入强度与上一期的企业资产收益率呈正相关关系。

由此，可对上文的假设进行验证。对于假设 1：种业企业的技术创新投入强度与种业企业的盈利能力成反比，假设不成立。实证结果证明，

表 6-11 Eviews 对 P 不进行滞后处理的回归结果

Dependent Variable：LOG（PDR）				
Method：Panel EGLS（Period random effects）				
Swamy and Arora estimator of component variances				
Cross-section SUR（PCSE）standard errors & covariance（d.f. corrected）				
Variable	Coefficient	Std. Error	t-Statistic	Prob.
C	-0.060862	0.277599	-0.219244	0.8270
P	-0.022658	0.011845	-1.912909	0.0595
V1	0.183476	0.061291	2.993517	0.0037
IPR	1.569729	7.547495	0.207980	0.8358

企业进行研发投入的强度与上一年企业的盈利水平（资产收益率）正相关，而当年的企业研发投入强度与当年的企业盈利水平之间并不存在相关关系。对于假设 2 和假设 3，本书的实证分析结果证实，种业企业的技术创新投入强度与知识产权保护力度的确成正比，且种业企业的技术创新投入强度与技术溢出成正比。

三、我国种业企业技术创新的实证分析结果

（一）种业企业技术创新行为影响因素的理论分析结果

根据本章对我国种业企业技术创新的长期演化博弈结果的分析，从理论上讲，我国要想建立起以企业为主体的种业技术创新体系，需要考虑如下几个因素：

第一，种业企业的盈利能力与企业技术创新决策有关，盈利能力越强，相对应的技术创新投入强度应该越强。也就是本章第二节所提出的，种业企业的技术创新行为与种业企业的竞争力有关，而较低的市场集中度限制了企业的盈利能力，从而限制了企业进行研发资产投入的能力。因此，从理论上讲，提高市场集中度能够提高企业的盈利能力，从而提高企业的研发投入强度，带动企业进行研发行为。

第二，种业企业的技术创新行为与技术溢出水平成正比，通过提高

技术溢出水平，降低企业进行技术创新的学习成本，增加企业学习技术的渠道，有助于企业通过干中学来培养自己的科研实力，从而提高企业的技术创新投入强度。

第三，种业企业的技术创新行为与知识产权保护强度成正比。当前，种业市场知识产权保护强度不够，导致造假泛滥，私人的技术创新回报不够，从而造成了“柠檬市场”的形成，限制了种业企业的自主创新决策。从理论上讲，通过加强知识产权保护强度，能够保障私人技术创新的回报，可有效鼓励企业进行自主技术创新。

第四，企业技术创新行为还与企业投资的短见、消费者对创新产品的偏好有关系。

（二）基于实证的种业企业技术创新行为影响因素的分析结果

根据理论分析的结果，要想建立以企业为主体的种业技术创新体系，就应提高企业进行技术创新的比例，通过建立起良性的技术溢出、知识产权保护体制，实现技术创新的经济回报，从而鼓励有实力的企业进行技术创新，并成为技术创新的主体力量。

为了解本轮种业改革前后种业企业的技术创新行为的实际影响因素，本书选择对 8 家上市种业公司的实际技术创新行为进行实证研究，主要考虑的因素是种业企业的盈利能力、种业企业面临的知识产权保护强度、行业的技术溢出强度，重点考察这三方面因素对种业技术创新行为（主要通过技术研发投入强度进行衡量）的影响。此外，根据理论研究，企业技术创新行为还与企业投资短见、消费者偏好等有关，但是由于对大部分种业企业，技术研发投资都存在短见行为，且消费者（农户）对创新产品的偏好程度受到多方面复杂因素的影响，本书在做实证分析时，对该部分的衡量进行外生化处理，假定其长期保持稳定不变。本书选择短而宽的面板数据，应用 Eviews8 进行分析后，得出的实证结果为：

第一，种业企业技术创新投入强度与当期盈利能力之间不存在相关关系，但与上期的企业盈利能力有关，即前期企业盈利情况决定当期企业技术创新研发投入。

第二，种业企业的技术创新投资强度在不断增强的技术溢出环境下，有所提高。

第三，种业企业的技术创新投入强度与知识产权保护强度之间正相关，也就是说，在知识产权执法强度不断提高的情况下，越来越多的企业增强了技术创新的投入力度。

（三）实证结果及政策启示

根据实证结果，对比理论分析结果可以看出，要想建立起种业企业为主体的技术创新体系，应当从三个方面入手。

第一，企业应加强盈利能力。根据国外的经验，在大型跨国种业企业的发展过程中，其市场的扩张、盈利能力的提升和市场竞争优势与企业的研发投入强度存在着正相关关系，且市场的竞争主要是上游研发阶段的竞争。目前，我国种业企业技术创新投入强度与企业的盈利能力之间还没有形成正相关关系，虽然与前期企业盈利指标存在正相关关系，但由于近年出现的种子产业中下游市场竞争激烈，导致种业企业中大部分企业的盈利能力有所下滑，拖累了种业企业的技术创新投入。尽管很多企业的技术创新研发强度有所提升，但是无法判断是因为政策的利好带动，还是因为企业盈利。随着改革的不断深化，未来企业应该通过加强其盈利能力来带动技术研发投入强度的提升。因此，建立起种业企业为主体的技术创新体系，实现种业改革和发展，必须要从根本上实现种业企业盈利能力的提升。

第二，我国应该继续加强种业行业的知识产权保护。理论和实证结果证明，继续加强种业的知识产权保护强度，尤其是种业知识产权执法强度，有助于种业企业增加技术创新投资，从而带动种业企业进行技术创新，推动种业发展驱动力从中下游销售市场竞争转向上游产品研发市场竞争，从而真正实现种业的改革与发展，做大做强民族种业。一方面，种业知识产权保护强度的提高可增加种业企业研发回报率，从而鼓励种业企业的研发行为；另一方面，通过提高知识产权保护强度，打击假冒伪劣，提高侵权成本，有助于帮助我国种业走出“柠檬市场”困境，并形成良好的中下游市场竞争秩序，规范种业市场结构。

第三，我国种业技术溢出强度有待进一步提升。理论结果证实，种业企业技术溢出强度太弱，导致老品种长时间占据市场，其他企业通过技术溢出学习新技术的渠道被制约，从而提高想进行自主研发企业的学习成本，导致新品种数量少，种业竞争只能被压缩到中下游进行低端竞争。实证研究也认为，在技术溢出越来越强的环境下，种业企业的技术创新投入强度也呈现出正相关的发展关系。这说明，我国在当前情况下，应当进一步提高种业的技术溢出强度，带动越来越多的企业通过学习培养技术创新实力，做大做强种业企业，实现种业发展从低端向高端、从公共科研为主体向私人科研为主体的过渡和发展。

第七章
美国种业发展的经验借鉴

第一节　美国种业发展的历史概述

美国的种业发展开始于19世纪初期，经过政府计划管制、初步商业化、产业化等阶段，发展成为全球种业市场价值最高的种业国家。从美国种业发展近150年的历史来看，从最初的政府计划管制和协调，到后来的市场过度竞争，再到后来的高度垄断发展，其整个发展历史与中国种业半个多世纪以来（自1949年新中国成立以来）的发展有着某些相似的轨迹，却又有着截然不同的发展推动力。去除政治意识形态以及中国计划经济特殊性等因素，本书对中美种业发展的历史轨迹、驱动因素进行分阶段对比分析，为我国种业未来的改革发展寻找一些成功的经验。

美国种业的发展是由市场自发形成的。最初为了确保农产品的国际市场竞争力，并且保障粮食安全，由USDA（美国农业部）牵头进行种业研发和良种开发，并发放给全国农民。但随着良种研发和分发成本的上升，以及民间私人种子交易量的增加，种子开始了市场化之路，随着知识产权保护制度的建立完善、生物育种技术的发展，种业逐渐壮大为一个产业，市场结构也经历了激烈竞争到垄断的变化过程。根据美国种业发展的整个历史，本章对其进行阶段性梳理，探讨美国在长达 150 年的种业发展历史中，其关键推动作用的因素有哪些。

一、政府计划管制阶段（1830~1920 年）

美国最早对种子实施计划管理。1838 年，美国在财政部（Department of the Treasury）下设立专利办公室，对植物新品种进行收集并发放给农民种植。但由于美国农民的种子种植是大规模的，他们在种植过程中有机会对植物品种进行改良。由于不允许种子买卖，当时农户之间就改良的种子进行私底下的交换，率先在花卉种子和蔬菜种子中建立起了小规模交易市场，并于 1960 年，农民自发联合成立了种植资源公司，对改良的农产品种子进行交换。1862 年，美国国会成立美国农业部（USDA），职责之一就是采购、繁育和发放新型、有价值的植物品种和种子。1878 年，大约 1/3 的 USDA 支出用于进行种质资源的收集和发放。1893 年，农业部秘书 Morton 开始不再主张对种子进行无偿分配，因为成本太高，并做出决定，着手发展种子产业，但是国会并没有批准该提案。19 世纪末，美国政府创建了一个公司专门对植物科学进行研究，一边支持农民无偿用种子，一边禁止私人种子企业的发展。

这一时期，由于并没有对种子收集者的成本投资或种子繁育者付出的劳动、商业智慧进行保护，私人部门并没有动力去改良种子。但 USDA 的种子发放活动和良种收集活动，最终带来了种业的萌芽。1883 年，34 家种子公司的代表在纽约成立了 ASAT（美国种子贸易协会），以维护他们自身的权益。尽管最终失败了，但在推动种业发展方面做出了较大贡献。

1900 年，乔治·孟德尔 1865 年的基因著作最终被认可并得到大力推广，从而有了第一代杂交种，进行两个品种的杂交。品种选育是从种质资源结合的尖端选育发展为基于多种基因材料的形状选择。1900~1930年，美国由于受到资本主义经济危机的影响，农业生产率陷于停滞。尽管种子公司的新品种、新性状能够吸引农民的兴趣，但由于农民可以自留种，可以进行买卖，因此，商业投资很难得到预期的回报。此时，商业团体开始向国会施压，要求为农业基础科研提供融资平台和制度支持。同时，最初的种子公司也意识到，政府免费向农民发放种子的方式严重阻碍了他们的市场扩大；企业、商会的不断施压迫使国会最终在1924年决定不再向社会发放免费种子。1915~1925，USDA建立了试验站开始研究自交系和杂交种子，1926年，Hi-Bred玉米种公司，以及后来的先锋良种国际有限公司成立，并开始进行市场营销。

二、商业化初期（1921~1970年）

随着生物杂交技术的发展，私人企业对种子研发的投资逐渐增长，种子公司数量增长，推动了种业的商业化发展。1930年，农民逐渐接受了杂交玉米种，1943年，Des Moines，Iowa地区100%的玉米种以及US-Corn Belt地区90%的玉米种都是杂交玉米种，这刺激了美国种业的发展。在种子商业化发展的初期，美国种子市场呈现出如下几个方面的变化。

（一）美国种子的商业化率有了极大提高

杂交玉米种的商业化率在1955~1960年，从0提升为95%，杂交高粱的种子商品化率也从0提高到95%。

（二）美国种子企业数量增加

由于生物杂交技术的发展和普及，其间大量的种子公司注册并从事商业化种子运营。在这一期间，种子公司的数量一度膨胀至数千家，竞争激烈，且市场集中度很低。主要是因为这一阶段的种子公司从事的是制种和推广，而种子的改良、育种和研究仍然由公共科研机构承担，因此，种子公司之间的竞争主要集中在供应链的中下游领域，即生产和销售领域。后来，随着杂交生物技术的推广，市场竞争实力较强的种业大型企业开始进行较大力度的自主研发以获取更高的竞争优势，1970 年左右，市场集中度有了大幅提升，提升至 30%左右。

（三）知识产权保护制度不完善导致侵权泛滥

这一时期的美国种子市场缺乏知识产权保护，自带包装种子盛行。由于杂交技术处于发展初期，知识产权保护相关法律法规和制度并不完善，导致美国一度套牌种子盛行。当时的美国，杂交技术刚刚兴起，种子市场上多是自交系种子为主，而自交系种子多为纯合子杂交，性状很稳定，后代种子与母系一样，所以通过种植自交种子产生的种子产量很高，很受农民欢迎。但是，自杂交种子较为关键的是种质资源，因为对于任何一种植物品种，父本长出的下一代与其本身的基因本质上是相同的。这意味着种子公司一旦开始售卖一种种子产品，农民便可在作物成熟后收获同样的植物种子。因此，种子公司要求种植种子的农户对种质资源进行保密。但是，由于知识产权保护制度发展并不完善，因此，一些农民购买种子后，可将父本植物产出的种子进行销售，且他们并不需要像种子公司那样支付科研费用就能够获利，而这种由受种子公司委托进行自杂交种子种植的农户或企业，并且由种植农户或企业私自向外兜售的种子，被称为“自带包装”（Brown Bagging）的种子。

三、产业化发展期（1971~1990 年）

由于美国自带包装种子的盛行，越来越危害到种子公司的利益，种子研发公司也开始寻求政府对他们研发投资的保护。1961 年，UPOV 新品种保护由 6 个欧洲国家提出，ASTA 很快学习了 UPOV 的新品种保护体系并在美国建立了专利保护系统，起草了 PVPA 植物新品种保护法案，1970 年在美国实施，美国种业走向快速发展期。

1970 年，美国发布的专利法案（PVPA）主要通过商业机密的形式保护申请人的专利权，但对没有人申请的种质资源，专利法案并没有提出针对性的保护。美国专利法案经过不断的改进，最终将植物新品种知识产权扩充为四个部分，包括商业机密、合同、植物专利法案、植物品种保护法案。尽管法案对大多数植物品种进行保护，但仍然有两个领域被豁免，一是农户，二是科研。即允许农民销售其繁育的种子，只要繁育的目的是为了自行销售，而不是为别人繁育，且只要农民销售不超过49%就可在豁免范围内。对于科研的豁免是指，所有申请了 PVPA 保护的品种可被用于实验室或繁育实验，以改进其品种线。繁育者可以通过商业渠道购买 PVPA 保护的产品，用于科研开发一种新的品种线，开发的品种线也可被 PVPA 保护。

由于植物品种的特殊性，法院并不接受有性繁育品种进行专利申请，很多企业通过杂交技术产生的新型种子无法受到专利法案的保护，这对美国种业市场的发展提出了挑战。1985 年 10 月 4 日，华尔街日报报道称，与先锋公司产生专利所有权问题纠纷的 Molecular Genetics Inc.官方指出，“管理委员会允许企业申请种子专利将会动摇美国种业 3 亿美元的市场份额”。由此可见种业知识产权保护对当下美国种业发展的影响。但是，自此案例以后，美国专利法案将对种子专利进行保护，美国种业市场开始较大程度地整合，并促成了美国种业迅速发展到成熟的转变。

（一）美国的育种商业化大幅度提高

该阶段，美国开展商业化育种的企业数量大幅增加，除了大型种业企业进行商业化育种外，中小企业开始纷纷加入到商业化育种中。与此同时，公共科研机构在种业研发育种中的定位有所改变，公立科研机构不再是种业研发育种的主体，其市场功能定位逐渐关注于基础科研，以及具有较强外溢性植物品种的（如小麦、大豆等农作物种子的研发育种技术较容易模仿，因而具有较强的溢出性）商业化育种。与此同时，私人企业逐渐商业化育种主体，从大企业到中小企业，种业研发育种的投入大幅增长，根据 USDA2000 年《种业研发创新报告》，公共支出自 1960~1996 年保持规模均衡，在 3 亿美元左右徘徊，而私人部门的研发支出则在 1987 年赶超公共科研，在 1996 年达到了 6 亿美元。

（二）美国种业市场集中度先降后升

根据 USDA（2000）对美国种业市场集中度的统计结果，结合苏建等（2014）对美国种业市场集中度 CR4 和 CR8 的数据，可以看出，美国在该阶段的市场集中度呈现出先下降后上升的趋势，这主要是由于美国市场的大幅度整合。

一是大型企业的市场份额不断上涨。例如 1986 年 1 月 1 日，Inc.杂志报道称，大企业将会融资兼并农业研究企业以及小型研究型企业，预测“中西部地区的 400 家种子企业将会少于 40 家企业”。并且越来越多的报道预测农户对农户的种子销售量将会大幅降低。同时预测 1993 年先锋种业会进一步吞并市场，并有可能在 1995 年兼并北美地区半数以上的杂交玉米种市场。这期间，先锋良种（Pioneer Hi-bred）的市场占有率大幅提升，且 Dekalb 孟山都以及 Funk/Ciba（Novartis）的份额也在不断增加。

二是小型家族种子企业的市场份额不断降低。所有的预测都表明，大量小型研究企业以及小型家庭种业企业会大幅下降，大企业寻求农业产品，例如杀虫、除草品种的医药公司的市场份额将会大幅增加。截至 1996 年，种子企业以及医药企业开始了大量的技术产权交换，大部分涉及 BT 技术以及专利等，数额巨大。

四、产业化成熟期（1991 年至今）

进入 1990 年以后，美国种业的产业化步伐加快，之前已经在进行的行业整合、兼并收购开始大肆展开，市场集中度大幅上涨达到 70%以上，并且各作物种子行业都形成了较明显的垄断格局，种业企业之间的竞争从产业中下游走向上游研发，形成了以产业研发为主要竞争领域的产业竞争格局。

（一）转基因技术推动产业链结构优化

由于转基因等生物技术的兴起，美国种业的产业链竞争不再集中为繁育推广缓解，而是向上游研发推进。由于转基因生物技术的出现和扩散，加上抗病、抗虫技术的发展，大型种业企业在布局整个市场竞争时，将主要竞争领域推向上游研发。部分大型种业企业开始整合其业务领域，将更多的资金投入到种业研发领域。例如，杜邦的市场定位是种子以及农业科技相关产业，并且在 1998 年 5 月宣布“卖出 Conoco 石油子公司，并将所得投资到生命科学领域，应用生物技术发展基因改良的农作物、药品以及用创新方法进行制药。”虽然失败了，但是杜邦仍然花费 17 亿美元与先锋国际组成合资公司，入股先锋公司 20%股份。此外，杜邦还曾达成协议收购 Ralston Purina Company，出资 15 亿美元，并宣布进军大豆领域，与先锋合资。

（二）种业企业兼并收购盛行

为了获得种质资源和研发协同，种业市场展开了大规模兼并收购。大型生物医药企业如孟山都、杜邦通过收购种子公司，或与其他种子公司建立同盟发展生物科技或医药产品。例如，孟山都用 10 亿美元收购了 Holden Foundations Seeds，用 23 亿美元购买了 Dekalb 60%的股份，孟山都与嘉吉联合进行连续 5 年的“营销科研盒子 2 亿美元”投资。孟山都拥有了 DeKalb，Holden’s Foundation，Asgrow，Delta & Pine Land。孟山都还投资 55%股权给 Calgene，并在 1997 年购买了剩下的 45%股权，1996 年 4 月收购了“Crop Biotech Assets of W.R. Grace & Co.’s Agracetus Unit”。1998 年，孟山都同意与 American Home Products Crop.合并，换股 350 亿美元。此外，先锋公司注资 1600 万美元购买 Human Genome Science 基因技术公司，位于 Rockville Maryland，80000 基因序列用于玉米种改进。先锋公司计划应用该企业的基因序列提高农作物生产效率，同时增加农民收入。此外，Garst 种子公司在 1998 年 10 月宣布与 AgriBioTech 公司共同购买 AgrilPro Seeds 公司，以加速对农作物的基因改良。

（三）植物新品种保护推动市场集中

植物新品种保护法律的不断完善，保护强度的进一步加大，推动了专利交易市场的发展，也推动了市场集中度的提高。由于美国对种业知识产权保护强度的不断加强，美国专利所有量最多的企业在兼并收购活动中表现最活跃，从表 7-1 和表 7-2 的对比看出，种子企业市场占有率的提高同样伴随着其专利拥有量的提高。在较高的知识产权保护环境下，这些拥有大量专利的种子企业通过对专利进行授权，不但获得了更高的收入，更提高了种业企业对市场的实际占有量。例如，杜邦授权 Biolistic 基因传播技术给 Agracetus。孟山都与其他公司签订专利使用的授权协议，并且调查种子私有权或滥用“Brown Bagging”的情况。首先孟山都为研发品种申请知识产权专利，其次进行“租赁”，而非销售。租赁协议规定对于购买种子的农户，孟山都有权进行为期 3 年的调查，农户不能留种进行下一年的生产。孟山都为此专门雇用了调查人员，对那些购买了孟山都转基因种子的农户处进行种子取样，看第二年种植的种子是不是改变了 Roundup Ready 公司的基因。如果 DNA 分析显示第二年的种子包含 Unique 基因，将会控告农户侵权。

表 7-1 美国主要种子企业市场占有率（1977~1998 年）

单位：%

企业名称	1977 年	1987 年	1997 年	1998 年
Pioneer Hi-Bred	28.5	38	42	42
DeKalb（bought by Monsanto）	16.2	9	10	11
Funk（Ciba）(became Novartis)	7.9	—	—	—
Golden Harvest	3.2	3	4	3
NK（Sandoz）(became Novartis)	4.3	—	—	—
PAG（bought by Cargill）	3.5	—	—	—

续表

企业名称	1977 年	1987 年	1997 年	1998 年
Troian（bought by Dekalb）	4.6	—	—	—
Novartis	—	8	8	8
Mycogen（bought by Dow）	—	3	4	3
Cargill	—	2	4	3
Advanta	—	4	3	3
Asgrow（bought by Monsanto）	—	2	3	—
Limagrain	—	1	2	2
NC+	—	1	1	1
Helena	—	2	1	1
Fiedler's Choice	—	—	1	1
Cenex	—	<1	1	1
Crows	—	1	1	1
Others*	31.6	25~26	15	17

注：资料来自于 Debra（1999）。

表 7-2　美国主要种子企业的专利拥有量（1997 年）

单位：件

Company Name	Corn Patents	Soybean Patents
Pioneer Hi-Bred	263	23
DeKalb	36	8
Novartis	87	16
Golden Harvest	0	0
Mycogen	103	11
Cargill	40	11
Advanta	0	0
Limagrain	0	0
NC+	2	0
Helena	3	1
Fiedler's Choice	0	0
Cenex	0	0
Crows	0	0
Funk	0	0
Northrup King	1	0
PAG	0	0
Trojan	0	0

续表

Company Name	Corn Patents	Soybean Patents
Holden Foundation Seeds	47	0
Sandoz	381	12
Garst/ICI	11/69	0/18
Asgrow	12	61
Stine	2	13
Zeneca	67	9
Monsanto	258	77

注：资料来自 Debra（1999）。

第二节 美国种业发展的现状及推动力

一、美国种业发展的现状特征

（一）企业为商业育种技术创新主体

美国种业的研发主体以企业为主，公共科研机构主要进行基础科研。中国种子协会（2012）的报告显示，美国在 1970~1990 年，私人种子公司的研发增长达 220%，自 1976 年以来，私人种业企业已经成为主要的研发投入主体，研发投入规模超过美国公立机构，并占行业研发投入的 60%以上。1990 年以后，随着大型种业企业的兼并收购进行，产业竞争上升到上游 R&D 竞争，企业的育种研发投入强度增高至销售收入的 10%以上，成为育种科研的主体。根据孟山都、先正达的企业年报数据（见表 7-3），其 R&D 投入强度在 10%左右，孟山都的 R&D 投入占比逐年增强，并且已经超过 10%。此外，中小型企业在育种研发投入强度上也不断提高，通过购买大型企业的授权专利，并将其应用到自有品种以培育新的种子。与此同时，美国种子科研公立机构、大学以及 USDA 下属的部分基础和工艺科研部门，转而进行种质资源开发与搜集、种质资源扩容与鉴定等基础科研领域，大学则主要对育种理论、育种方法、基因学、生物信息学等领域进行研究，并适时将成熟的技术和种质资源、培养的研发人才等向商业化育种部门转移，服务于企业育种研发。例如，USDA下属的中西部农业试验站（NCRPIS）与当地州立大学设立植物种质资源库，对玉米、油菜、葵花等农作物的种质资源进行扩容，并将种质资源向全世界育种者免费提供，2011 年，该大学开始全面转向育种的基础理论研究。

表 7-3 孟山都、先正达种业 R&D 投入规模和强度

年份	孟山都		先正达			
	R&D 投入（亿美元）	销售占比（%）	投入金额（亿美元）	销售占比（%）	其中：种子研发投入（亿美元）	占全部研发投入比重（%）
2005	5.88	9.34	8.22	10.14	2.13	25.91
2006	7.10	9.67	7.96	9.89	2.32	29.15
2007	7.80	9.11	8.30	8.98	2.83	34.10
2008	9.80	8.62	9.69	8.34	3.43	35.40
2009	10.98	9.37	9.60	8.73	3.68	38.33

资料来源：根据企业年度财务报告相关数据计算。

（二）美国种业大型企业以一体化发展模式为主

美国种业企业经历了从专注于中下游激烈市场竞争，转向上游 R&D 竞争和一体化发展模式，带动了美国种业整体竞争力的增强，以及种业市场价值、市场集中度的不断提升。截至 2013 年，美国成为世界种业市场价值最高的国家（根据国际种业协会 ISF2013 的调查数据），且在完善的知识产权保护下，形成了良好的知识产权确权转让市场，大型美国种业企业通过大规模兼并收购，形成了育繁推一体化的市场。从孟山都、先锋、先正达等美国大型跨国种业企业的经营模式看，育繁推一体化发展是其共同特征，实现了“上游技术研发与中游产品生产、下游价值增值”的一体化产业链条，并且紧密连接，运转高效。从总体说，企业育繁推一体化的发展，将下游需求和上游研发融合起来，以市场为导向，不断调整研发，满足市场需求，从而实现研发和市场销售的双向良性循环。在一体化企业内部，企业通过研发投入，服务于生产和销售，促进创新产品和技术的应用，将上游研发的成果直接体现到下游的农业生产中，并且将下游生产实际需求反馈到育种研发中，及时研发出合适的新品种和新技术。例如，孟山都，从 20 世纪末的大规模兼并收购，从一个技术企业发展为了一个育繁推一体化企业，不但有强大的研发实力、雄厚的资金和人才优势，还有成熟的市场策略、运作技巧和科学的管理能力。在市场竞争激烈、自主知识产权保护强度逐渐提高的美国，育繁推一体化的推行，使种子企业的分化越来越明显，市场竞争力越来越强。

（三）美国种业垄断加剧

在较强的市场知识产权保护强度下，虽然行业竞争力提高，但同时形成了较高的垄断，种子价格连年上升。根据美国 USDA（2000）的统计，1997 年玉米、棉花、大豆三个行业的种子 CR4 水平分别达到了 69%、92%和 47%。主要由先锋、孟山都、Dow/Mycogen 三个公司的市场份额为最大。近年来，孟山都的市场份额进一步扩大，并且依靠其强大的科研优势，通过专利转让等方式，市场的实际占有量大幅提高，并涉嫌操纵种子价格，备受指责（Williams，2010）。最开始，美国政府曾推广种业知识产权的市场转让，其目的是为了防止科研实力较强的大型种业企业对市场进行垄断，但在实际操作中，尽管种子企业同意对其科研成果进行低价转让或“租赁”，但实际垄断行为仍然存在，导致种子价格的连年攀升。例如，孟山都通过与几百个小型种子公司达成许可协议，允许这些企业在研发过程中利用孟山都研发的某些产品性状和研究成果，但同时要求这些协议企业拒绝生产或销售其他低价转基因种子。

二、美国种业发展的推动因素概括

（一）企业是市场发展主体

美国的种业发展经历了政府计划管制阶段后，由于市场的推动，种子企业数量开始大幅度上升，种业中下游市场成为主要竞争之地，并有企业开始通过自主科研创新获取更高的市场份额。后来紧随着知识产权制度的完善，市场通过大规模的兼并整合开始发展壮大。尽管在20世纪50年代美国种子市场发展初期，美国种子市场也是以中小规模企业为主导，且市场集中度低，市场竞争激烈，也曾经因为知识产权保护制度不完善，出现了大量的“Brown Bagging”种子，但是，随着美国提出的国家创新战略计划，通过一系列的知识产权法律法规的完善，通过在贸易规则中给予美国本地企业以创新保护，通过布局公共科研单位退出竞争转向基础科研，美国的种业企业开始腾飞，企业通过不断的兼并收购，最终成为种业上游科研的主体，真正成为美国种业的主体，为美国农业生产做出了卓越的贡献。

（二）知识产权制度的完善

美国种业发展初期，在20世纪50年代，也曾经历过大量套牌种子市场泛滥的过程，当时的种业企业主要在种业中下游市场展开激烈的竞争，企业市场集中度很低。由于研发企业的研发收益得不到法律的保护，很多企业开始寻求法律手段保护自身收益。当时美国的知识产权制度就植物新品种专利的保护开始规范，这刺激了美国种业企业的研发投入，并且在1990年以后飞速增长，使企业的竞争点不再是产业中下游，而上移到上游研发领域。因此，美国的知识产权制度发展对美国种业市场结构的调整具有至关重要的作用。

（三）种业企业的上游研发竞争

美国种业发展到20世纪90年代，市场结构在知识产权保护不断加强的前提下有了较大幅度的改善，驱使大部分种业企业将企业竞争优势的获取放到了上游研发竞争方面，并且涌现出了大量的兼并收购，包括孟山都、先锋等大型种业企业，通过收购中小型种业研发企业等方式，不断加大研发投入，以农户的需求为导向，利用新品种在市场上展开竞争。最终，在美国种业大规模整合的时期，占据最大市场份额的企业只剩下不到10家，这些企业都是具有研发实力的企业。但是，研发竞争最后带来了市场的整体垄断，以及种子价格的不断上涨。孟山都等大型种业企业被要求履行社会责任，将其部分专利成果以较低的价格或通过协议的形式转让给中小型种业企业，协助市场秩序的改善。但是，这反而成为大型种业企业扼制低价新品种进入市场的手段，并导致了垄断程度的加剧。

（四）育种技术的不断发展

纵观美国150年的种业发展历史，可以明显看出，美国种业商业化发展的最初，起关键推动性作用的是育种技术的不断发展。早在20世纪初，杂交技术的出现，提高了种业企业参与商业化育种研究的参与度，后来，先锋公司培育出了世界第一个杂交玉米种，随着杂交种子的市场认可度不断提高，先锋种业的市场占有率迅猛提高，在某些地区的玉米种市场占有率达到40%以上。而后在20世纪90年代，基因重组和转基因技术在育种方面的应用，推动了美国种业市场的大规模整合。例如，孟山都利用其生物技术的基础，通过收购迪卡、岱字棉、侯顿等常规育种公司，实现了生物技术与常规育种技术的并行发展，实现了孟山都种业强企的发展壮大之路。正是因为常规育种技术、生物育种技术的不断壮大，给美国种业企业以研发竞争的发展契机，推动了美国种业市场品种的多样化、竞争的多样化和市场结构的优化提升。

（五）种业企业的育繁推一体化经营

尽管美国种业企业的技术创新发展推动了种业产业结构的优化提升，

但育繁推一体化是美国种业集中度不断提升、不断发展的保障。到目前为止，孟山都等大型种业企业都花费大量的成本用于种子育繁推一体化体系的建设。从孟山都 2013 年的财务年报看，孟山都在 2011 年、2012 年和 2013 年分别花费千亿美元、8700 万美元和 9500 万美元用于广告支出。同时，孟山都通过开展消费者刺激计划（Customer Incentive Program）确保其下游销售市场份额的增加，同时还开展消费者融资计划（Customer Financing Programs），确保与其签订了种子生产合同的客户能够按照其生产要求上缴种子，根据孟山都委托客户种植种子类型的不同（如贸易种子、国内销售种子等），孟山都分别与不同的客户签订不同的合同，并支付大量的成本用于合同的管理和维护，确保种子生产的稳定，以及下游销售市场客户关系的稳定。

第三节 美国种业发展的历史经验借鉴

我国的种业改革发展之路与美国的种业发展的主要推动力并不相同。美国种业是以市场为主要推动力发展的，而我国种业的发展则是顺应政策制度的发展逐渐开放发展的。美国种业的发展是市场竞争的产物，是自下而上的发展；而我国的种业改革发展是政策推动的结果，是自上而下的改革，从表 7-4 和图 7-1 的对比可以看出。即便是目前我国正在进行的新一轮种业改革，其方向是朝向企业的市场主体地位进行的，但仍然是依靠一系列政策推动的，这是我国种业改革发展不同于美国的重要特征，也是我国未来种业改革的特征之一。但从总体看来，中美种业改革发展呈现出如下相似的特征，对我国未来种业改革发展的方向具有一定的借鉴意义。

表 7–4 我国种业改革发展的历史特征

发展时期	时间	特征	具体内容
计划时期	1949~1977 年	四自一辅	农业合作社为基础，进行种子自繁育、自选、自留、自用，同时辅助以行政进行调剂
半计划时期	1978~1999 年	四化一共	生产专业化、加工机械化、布局区域化、质量标准化，以县为单位统一供种
市场化时期	2000 年至今	全面市场化	《种子法》、《植物新品种保护法》以及不断改进的法律法规、知识产权保护制度、国家政策推进种业公司进行自主研发，竞争越来越激烈，研发渠道多样化，市场竞争格局分化明显

注：根据佟屏亚《简述 1949 年以来中国种子产业发展历程》对种业发展相关历史事件进行总结并绘制该表。

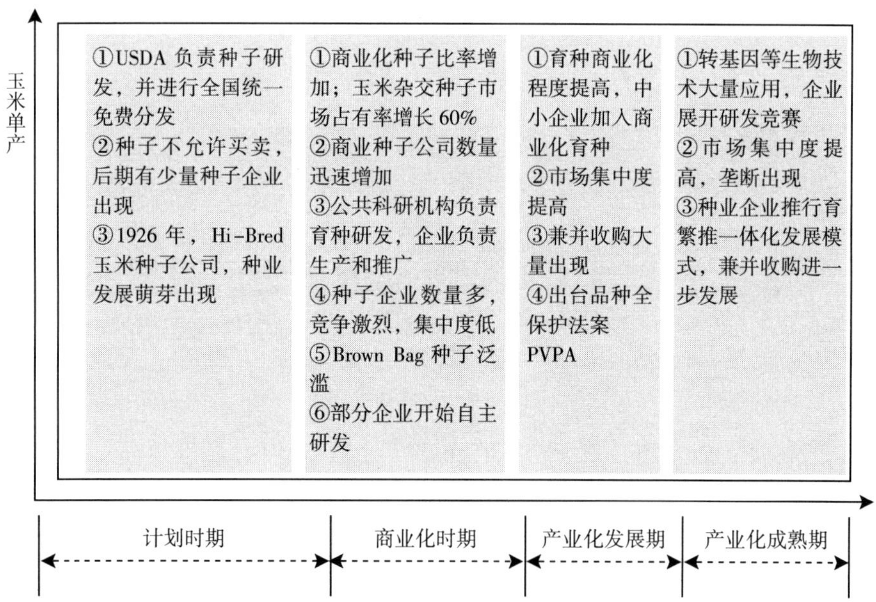

图 7–1 美国种业发展历史阶段及特征

一、政府推动是关键

与美国的种业发展历史不同，我国种业的改革发展历史是依靠政府为推动力的历史。直到新一轮种业改革开启，政府的推动力仍然是种业发展的重要保障。这与我国历来经济改革的经验相一致。根据黄速建等

（2014）关于中国经济改革的经验告诉我们，自上而下地培养改革环境，从而转变为自下而上的发展，最终回归市场，是适合中国经济发展的规律和模式。因此，对于种业的发展而言，我国不同于美国，在种子商业化程度较高的今天，种业企业的弱势地位仍然没有改变，仍然需要依靠自上而下的推动来营造种业发展的环境，而后推动企业成为市场发展的主体，自下而上地实现改革成果。

二、企业是种业发展的技术创新主体

尽管我国与美国的种业发展历史不同，但在推动种业发展的过程中，企业都是种业发展的主体。美国和我国在种业发展的最初，都曾经历过计划管制阶段。但是，随着育种技术的发展，商业化育种的需求越来越大，企业自然而然地成为技术创新、种业发展的主体。与此同时，政府的管制也应该退出，抽身进行基础科研和市场秩序的保护。目前，我国新一轮种业改革开展的目标是建立种业发展中企业的主体地位，并培养种业企业的市场竞争力，使种业的发展真正实现市场化，提高种业的国际竞争力。

三、种业知识产权保护是种业发展转型的关键制度保障

在美国和我国种业发展的历史中，都曾经面临着套牌种子的泛滥，侵犯了那些进行科研研发企业的利益，无法保障企业科研投入的投资回报，从而挤出种业企业的研发投入。这种现象的发生，主要是因为自有知识产权保护的缺失，无法对私人研发成果进行保护。因此，在种子生产过程中，不可避免地存在种子新品种被代种农户、其他生产销售企业“套牌”销售的情况。根据美国的经验，随着知识产权制度的不断完善，对私人种业企业的研究成果进行恰当的保护，同时将公共科研机构的功能定位转移到基础科研上，激发了种业企业对科研投入的竞争，并带来

了种业市场结构从中下游激烈竞争向上游研发竞争的转变。

四、育繁推一体化是种业企业发展的方向

美国种业整个整合阶段，也是种业企业不断兼并的过程。通过不断的兼并，最后具有垄断地位的大型种子企业如孟山都、先锋、先正达等，都实现了企业的育繁推一体化发展。他们通过支付大量的成本进行市场营销、与种业生产者进行合约管理等方式，及时获取农户的需求，并以最快的速度反馈到育种中，研发能够满足市场需求的种子品种以快速获得市场份额。我国新一轮种业改革，也开始推行种业企业育繁推一体化，改变当前种业育种与繁育推广之间的脱节，希望通过一体化发展来优化种业的产业结构，实现市场集中度的提高，以及种业企业技术创新的能力提高，实现强种之路。

第八章 结论与对策

第一节 研究结论

自 2011 年开展新的一轮种业改革以来，我国政府旨在建立起以企业为主体的种业发展新格局。此次改革的重点是通过制度改革推动技术创新，从而推动种业发展。对此，本书重点考察了我国种业改革发展中对技术创新存在的制度约束，并对当前种业科研体系下的溢出水平、当前知识产权保护制度下的知识产权保护强度进行测算，研究我国以企业为主体的技术创新体系，应该如何推进知识产权保护制度、科研体制改革。本书的主要结论包括如下几个方面。

一、基于中美种业发展历史对比的重要结论

第一，相比美国，我国种业发展仍然处于初级阶段。这一阶段，我国的种业改革仍然要依靠政府推动。

第二，我国种业初级阶段发展的制度改革重点在于知识产权保护制

度和科研制度。根据对我国种业发展历史的研究，并且对比美国种业发展的经验，要想实现种业的结构优化，技术创新的带动是根本，而能够促进技术创新发展的关键制度因素在于知识产权保护制度和科研制度。

第三，种业制度改革的方向是种业的进一步市场化。也就是说，应该培养种业企业为种业技术创新的主体，且育繁推一体化发展是种业企业发展的必然选择。

二、基于种业科研制度对种业发展影响研究的重要结论

本书利用博弈的方法，研究了同质企业、异质企业（组织）之间的合作创新行为，发现在考虑行业技术溢出的情况下，当技术溢出满足一定条件时，可能达成合作创新的结果。而如果技术溢出无法满足该要求时，则同质企业之间的合作最终会以囚徒困境终结，而同质企业的技术创新合作总会以优势企业创新、劣势企业免费乘车为终结。如果将种业企业和公共科研机构看作是异质企业之间的博弈，其中种业企业为劣势企业，公共科研机构为优势企业，最终会以公共科研机构研发为终结。能够破除该博弈结果的方式有两种：一是发挥政府的作用；二是调整种业企业和科研机构之间的技术溢出强度。

本书通过对种业技术创新约束强度进行测算，发现种业公共科研机构向私人种业企业的技术溢出水平低于社会平均技术溢出水平，即便是在科企合作的情况下，仍然无法实现种业企业技术创新实力的提升。因此，未来的种业科研制度改革，应该以加大技术溢出为目的实施改革。

此外，根据本书对技术溢出分指标的测算，当科研事业单位的研发活动与企业进行内部化以后，技术外溢导致的研发收益率下降比例为20%，因此，如果企业将育种研发内化到企业内部完成，则可以降低因为技术溢出导致的收益率下降。因此，种业企业实施育繁推一体化改革，有助于种业技术创新收益的获得。

三、基于种业知识产权保护制度对种业发展影响研究的重要结论

种业知识产权保护制度对种业发展的约束，重点在于我国尚未能够达到有利于种业发展的最优种业知识产权强度。

第一，我国种业执法强度不够，导致“柠檬市场”的形成。

第二，中国种业知识产权保护强度不够，导致种业研发具有较强的公共物品性质，过度依赖种业科研机构，导致育繁推的脱节。

第三，中国种业技术创新产品本身质量不够，大部分种业专利寿命较短，无法得到知识产权保护下的收益。

四、基于种业企业技术创新行为研究的重要结论

本书的研究问题是为了了解研究技术创新管理制度对我国种业技术创新的影响。因此，本书考虑种业企业在未来种业发展中的创新主体地位，对种业企业长期选择技术创新行为的决策影响因素进行了演化博弈分析，最终得出结论，影响种业企业技术创新行为的主要因素包括技术溢出约束、知识产权保护约束、市场集中度约束、消费者偏好和市场短见。

考虑到本书重点研究种业技术创新制度对种业技术创新的影响，因此本书重点研究种业技术创新行为与种业技术溢出、知识产权保护之间的关系。其中，市场集中度对种业技术创新行为的影响，主要是通过影响企业的定价能力实现的，本书选择企业的盈利能力替代市场集中度的影响，并以种业企业的技术创新投入为因变量，技术溢出强度、知识产权保护强度为制度虚拟变量，种业企业的资产收益率为自变量，进行面板分析，主要结果如下：

第一，种业企业的盈利能力与企业技术创新决策有关，盈利能力越强，相对应的技术创新投入强度也应该越强。

第二，种业企业的技术创新行为与技术溢出水平成正比，通过提高技术溢出水平，有助于提高企业的技术创新投入强度。

第三，种业企业的技术创新行为与知识产权保护强度成正比。

根据实证分析的结果，本书提出如下改革方向：未来的种业科研体制改革应该继续增强技术溢出；未来的种业知识产权保护制度改革应该继续增强保护强度；种业企业应该对自身进行改革，提升盈利能力，带动产业结构改善。

第二节　种业改革的对策分析

一、科研体制改革

（一）种业科研创新体系改革中的政府行为

根据种业技术创新主体之间的博弈即策略均衡，要想突破种业企业之间合作创新的低效率现状，推动科企合作的成功，政府的作用至关重要。不论是同质企业之间要突破囚徒困境，还是异质企业之间促进优势企业带动劣势企业进行研发创新，抑或推进科企合作，政府政策措施的激励对企业、科研机构的博弈策略的选择、博弈的均衡都有着极大的影响作用。因此，要想促进种业技术创新体系的改革，实现种业技术创新资源的优化配置，种业科研创新体系的改革应当注重以政府为主导，实现资源从公共领域向私人领域的流动，以及私人领域之间的互相流动。

1. 政府应促进种业企业之间的科研合作

要想培养种业企业为技术创新主体，企业之间的合作和资源整合是一个重要途径，也是种业科研体制创新体系改革中应该重点扶持的部分。

只有企业强大了，分化了，才能够在商业化育种研发、种业技术创新中发挥其优势。由于当前我国种业企业的市场集中度较低，大部分企业在科研规模和能力上属于同质企业，对于这类企业之间的合作，政府应通过政策激励和引导，促成同质企业之间的研发合作，增加同质企业之间提供创新资源的动力和约束。对于已经分化发展的科研实力较强的种业企业而言，由于其能够与异质性企业的科研合作中发挥带动优势，带动劣势企业的科研实力提升，因此，政府应给予一定的激励政策，激励优势企业带动弱小企业参与技术研发，从而带动劣势企业研发实力的增强，达到帕累托改进。政府可通过对种业企业之间的技术研发项目，拨发转向资金或提供信贷融资优惠等方式，促成企业之间的技术创新合作，突破企业之间合作创新的激励不足等问题。

2. 政府应推动科企合作进行商业化育种

由于目前种业市场上，技术创新资源在公共科研单位的保有量较大，不但拥有较多的技术性研发人才，还拥有大量的政府公共财政投入支持，因此，我国社会的种业技术创新资源主要集中在公共领域。为了培育种业企业的技术创新主体地位，通过对公共科研单位、种业企业、政府的博弈模型分析，公共科研机构与私人种业企业之间的研发合作能否成功，取决于政府的政策促进程度，以及双方合作所能得到的收益；而政府是否对科企合作有所作为，则取决于其政策执行所需要的成本，以及带给整个社会各部门的额外收益。由此可见，要想实现技术创新资源从公共科研单位流向企业，政府的干预政策尤为重要。目前，我国政府已经推广建立种业企业合作平台等方式，以促成公共科研领域和企业之间的科企合作研发，未来建议进一步加强政府为引领的科企合作平台建设。

3. 政府应对公共科研机构的定位进行改革

目前，我国公共科研机构自己兴办种业企业，利用公共资金研究成果做商业化育种，是典型的公共资金用于政府盈利的结果，这进一步巩固了公共科研机构对创新资源的垄断，反而对私人科研形成了进一步的挤压。因此，政府在促成种业企业之间的合作、科企合作的同时，还应当对公共科研机构进行重新定位。这主要是指将公共科研单位的技术创新重点转移到公共基础科研、理论研究、公共技术的研究上，为商业化育种公司提供可以共享和使用的公开化成果，从而扩充种业企业的研发学习渠道。

（二）种业技术创新体制改革中的市场资源配置

1. 人才资源的市场化配置

种业的技术创新依靠的是人才。要想培养种业企业为主体的新型技术创新体系，需要建立起市场化为导向的人才资源配置机制。目前，我国种业人才资源主要集中在公共科研单位，没有动力向私人单位进行流动，本书第三章第四节已经就该现象进行了描述。要想促进人才资源的市场化流动，应形成种业技术创新人才的市场化定价、市场化竞争。

第一，形成种业技术创新人才的市场化定价机制。由于目前我国种业技术创新成果的出现，主要研发投入依靠政府公共资金的支持，以项目、课题的形式在公共科研机构中进行，因此，种业科研人才被锁定在公共科研机构中，以固定工资的形式进行研发活动，其劳动成果与所得到的工资回报并不成正比，尽管流动到种业企业中能够获得相对更多的回报，但私人企业的研发投入较少，研发环境不如公共科研机构好，所以，大部分种业技术创新人才依旧选择留在体制内。为了实现人才的流动，人才的定价机制必须首先市场化，这除了政府政策上的配合外，还需要企业提高其对科研人才的竞争力。通过以下几个途径达到：一是政府改变当前种业公共科研的考核机制，即允许科研人才在完成公共科研单位的基础科研任务的同时，与企业合作进行商业化育种研发，并且获得商业化育种研发回报的绝大多数；二是企业应当重视当前种业新一轮改革下，种业企业的存亡之争在于创新产品的市场竞争力，重视自主研发对未来市场竞争的重要意义，从而重视人才，给予种业研发人才以合理的社会回报，在与公共研发机构的人才之争中更具竞争力。

第二，形成种业技术创新人才的市场化竞争机制。人才的竞争机制是指人才的流动应该是一个双向选择的过程，遵循市场优胜劣汰的规律，由技术人才在不同的领域内自由流动。实现人才的市场化竞争机制，能够保障种业技术创新人才在合适的地方发挥其最大效果，达到最大的社会认同和资源回报。种业技术创新人才的市场化竞争机制建设，主要包括两个方面：一是种业企业应注重培养高素质种业技术创新人才。尽管种业企业的高学历人才比例有所增加（根据第二章第二节），但是人才比例仍然较低，在注重从公共科研单位进行人才引进、成果引进的同时，还应当着重在科企合作、企业科研合作等渠道进行人才的培养和开发，通过提供适当的激励留住人才。二是多渠道增加种业技术创新人才的激励机制。尽管目前已经有较多的政策激励人才从公共部门流向私人部门，但随着市场化经济改革的深化，政府激励带来的管制负面效应值得重视。因此，在注重人才政府激励的同时，还应当注重市场激励，尤其重视产权激励，通过对人才研发成果进行确权，确保其成果获得对应的回报，才能够调动种业研发人才的创新积极性，实现人才向市场回报高的地方流动。

2. 种业技术创新的市场化融资

目前种业技术创新的资金来源主要依靠政府公共资金向公共科研单位的拨款，主要采取课题制、项目制，不免出现重复研究、成果转化率低等低效率问题。为了实现资金的市场化配置，种业技术创新的融资应当寻求市场化。具体包括如下几个方面。

第一，公共资金投入重点为基础科研领域。根据美国种业技术创新公共部门的投资改革经验，随着公共科研机构的功能转向基础性科研、公共物品较强领域的科研，公共科研资金的投入领域也开始产生分化。

根据种业技术创新的性质，未来公共资金的投入应重点分布在如下领域：一是育种科技、育种理论等基础性科研领域，主要对育种生物技术、基因技术、育种理论等进行研究，其研究成果可向公共免费开放使用。二是研发社会收益低的领域，例如对小麦、大豆等商业化育种程度不高的领域进行重点研发投入。

第二，推动农业企业成为技术创新投资主体。种业发展的关键在于商业化育种的发展。由于种业技术研发具有一定公共物品特征，企业投资动力不强，加上实力较弱，很难成为市场投资主体。但是，以企业为主体的种业市场体系下，种业企业应当成为技术创新的投资主体。因此，政府应通过合理的产权界定、产权激励和政府企业补贴等方式，维护种业企业的技术创新成果，带动种业企业进行技术创新研发投资。

3. 种业技术创新信息知识的市场化供给

第一，政府联合行业协会建立资源信息共享平台。由于种业具有商业化程度高、竞争激烈的特征，对种业信息的需求也较大，建立起种业技术创新信息资源平台有助于增加种业企业的学习途径，同时也有助于公共科研投入的研发成果向全社会流出。一方面，政府、种业行业协会应通过建立数据交换平台、信息共享平台等，对公共科研单位的基础性研发成果对外分享，可通过免费、收费等方式对社会、企业等不同主体进行公开；另一方面，为了打破育种研发的地域封锁，防止不同地区对种业技术创新研发进行重复立项科研造成资金和人力、物力的浪费，可形成跨区域的信息资源共享平台，减少不同科研领域、不同地区的种业技术创新重复，提高创新效率。

第二，政府牵头建立知识产权交易市场。种业专利、植物新品种和知识产权交易市场的建立，是对种业技术创新研发成果市场化的关键步骤。在美国种业发展的过程中，种业知识产权交易市场的出现刺激了社会对种业科技研发的投入，从而带动了整个行业的整合以及规模的扩大。

针对我国对种业技术创新成果确权不明确导致的创新成果回报低的现象，建立知识产权交易市场，对种业技术创新成果进行确权，实现研究成果的市场化交易，是鼓励种业技术创新的有效手段。

第三，完善种业技术创新资源信息共享使用的政策法规。由于种业技术创新的信息分享在我国还未形成规模，且信息的价值在实际经济活动中并没有得到保护，存在盗用信息、信息滥用等不合规方式，因此，要想建立起市场化的种业技术创新信息交流平台，还应当配合以相应的法律法规、配套措施，规范种业技术创新成果信息的使用、交流。

二、种业知识产权制度改革

（一）改革方向

根据种业知识产权保护的最优强度测算，再结合我国种业知识产权保护的现状，在新一轮种业改革中，应通过种业知识产权保护的市场化改革来推动种业知识产权保护强度，提高种业创新研发投入的回报，激发种业研发投资，实现种业竞争力的腾飞。

第一，评估植物新品种专利的技术含量和创新度，提高植物新品种保护的有效性。根据前文对种业知识产权保护最优强度的测算，最优强度与知识产权保护的新植物品种的创新度、新产品对旧产品的替代率等多方面因素有着直接的关系。因此，种业知识产权保护制度的改革，应当注重对植物新品种专利和知识产权的实际价值进行评估，从而引导市场资金流向市场价值较高的育种研发项目，而对于模仿比例大、创新度弱、对生产效率提升效果较低的植物品种，则弱化其资金的流入。这不但能够优化配置市场研发资金，还能够实现我国植物品种权的整体创新质量的提高。

第二，通过提高种业知识产权执法提高种业市场集中度，走出种业“柠檬市场”。对种业生产、销售市场的执法监管力度大小，关系到我国假冒伪劣品种、套牌种子等违法行为是否能够退出市场，从而给真正的创新产品以合理的社会回报。只有通过加大执法力度，提高假冒、套牌种子等行为的违法成本，才能够帮助种业走出“柠檬市场”困境。

第三，通过建设种业知识产权评价体系推进种业知识产权交易。目前，我国公共科研机构仍然是种业技术创新的主体，大部分企业通过购买公共科研机构的研究成果进行商业化和推广，从而获得市场利润。这样，公共科研机构研究成果的价值很大程度上取决于购买品种权企业的生产、销售和推广能力，而非新品种研发本身的研发投入能力。因此，要想给予种业研发成果以真实的社会回报，我国在下一步改革中应进一步深化建立种业知识产权评价体系，对植物新品种价值的评估，考虑购买企业自身推广能力后进行全面股价和买卖，确保新品种研发的收益。

第四，延长种业知识产权所有人对知识产权有效寿命。我国种业知识产权的保护年限虽然在 15 年左右，但大多数新品种植物保护的专利、知识产权等往往在 7 年左右就退出市场了，因而，尽管立法上具有较长时间的保护强度，但实际上，我国种业知识产权和专利的实际寿命远低于 15 年，因此，在种业知识产权制度的改革过程中，应当重视企业的知识产权寿命的提升。

（二）具体措施

1. 建立植物新品种分级审定制度

由于植物品种权的创新度、对旧有产品的替代率等指标关系到种业知识产权最优保护强度的实现，因此，本书建议在新一轮种业改革中评估植物新品种专利的技术含量和创新度。在具体操作中，可在植物新品种保护审定过程中加入分级管理制度，对于符合植物新品种审定标准的研发成果，按照其创新度、对生产的改善效率等，颁发不同等级的植物品种权审定证书，并且根据其创新度、对生产的改善效率的大小，针对性地改变其植物新品种权审定周期，对于较高等级的植物新品种，可适当延长其审定周期，提高审定效率的同时，降低审定的成本。

2. 种业知识产权交易市场和确权制度

为了确保种业知识产权研发的社会回报，应当对种业知识产权的实际价值进行更为科学的评估，从而确保种业知识产权在不同的市场阶段，获得相应的收益，这是市场化知识产权制度的基础，也是我国目前种业改革中正在努力解决的重要问题之一。目前，我国农业部已经下发文件，要加强种业知识产权确权、交易，且由农业部农种函（2014）1号文件正式批复，在中国农业科学院农业知识产权研究中心开发的国家种业科技成果产权展示交易平台和专业团队的基础上，成立国家种业科技成果产权交易中心，对种业科技成果的产权交易、产权确定提供平台，并进一步种业科企合作、加速种业研发成果的推广。由于种业知识产权交易市场的建立在我国刚刚展开，未来的发展还应当注意以下问题：

一是进一步加快知识产权交易服务机构的建设。目前，我国建立了进行种业知识产权交易市场，其主要职责是提供科技成果展示、提供知识产权交易平台等基础服务，服务较为单一，且对于更进一步的种业知识产权价值评估等工作未能展开。因此，未来我国应在知识产权交易中心的试点中积累经验，不断开展种业知识产权交易展览会、交易洽谈会，为交易双方提供更多的咨询，为研究成果提供评估，形成知识产权交易价值的市场化决定机制。

二是完善种业知识产权确权标准。目前，知识产权的确权主要是对公共科研育种成果权属制度的完善。随着我国种业技术创新体系的改革，公共科研部门逐渐回归基础科研，并且允许公共科研领域的技术研发人才参与科企合作，完善种业知识产权的确权标准，有助于激励研发人才资源的优化配置。因此，本书建议首先完善公共科研机构的知识产权确权制度，建立公共育种成果的知识产权国家所有制，完善转让许可机制，充分发挥国家所拥有的知识产权对种业发展的支撑功效，防止公益科研单位与种业企业之间不公平竞争导致的公共投资对私人投资的挤出效用。

三是以机构为依托建立种业知识产权价值评估体系。由于种业知识产权的质量参差不齐，在未来的种业改革发展中，这种质量良莠不齐的情况依旧存在。为了提高我国种业技术创新质量的提升，本书建议建立起种业知识产权的价值评估体系，从多层面对种业知识产权的价值进行评估，也为种业知识产权的市场化交易提供条件。目前，我国已经有学者对种业知识产权的评估体系建设进行了研究，陈艳娟（2012）提出依据种业知识产权生命周期原则，建立知识产权价值评估体系，其中包括对种业知识产权的经济价值、社会价值两方面进行全面评估。具体可以通过种业知识产权中介服务机构提供种业知识产权价值评估服务。通过知识产权服务中介，加强种业知识产权代理、评估、转让和维权服务，促进种业创新成果的知识产权化和知识产权的市场化、产业化。

3. 加强对种业知识产权保护的市场监察力度

我国种业市场竞争秩序混乱、低集中度的现状是种业出现“柠檬市场”困境的主要原因。根据美国的经验，种业知识产权强度的提高，在保护知识产权研发人的利益的同时，加大了对市场违法行为的打击，增加了其违法成本，有助于市场秩序的改善，从而有助于市场集中度的提高和产业结构的优化调整。近年来，我国工商局、农业部和公安部等多部门配合，加大了种业违法行为的查处力度，尽管对种业市场违法行为进行了一定程度的打击，但仍然治标不治本。因此，要实现对种业知识产权的执法保护，还应当建立起自动监察机制，从源头抓起，需要企业和行业协会发挥其市场监督作用。一是企业要有维权意识，通过多家企业+行业协会+政府的模式，对企业的种业知识产权侵权行为进行举报、查处；二是行业协会、合作社组织等要发挥其市场信息搜集功能，例如地区的种子协会可联合当地的合作社组织，对农户反映的假冒伪劣种子、套牌种子案件信息进行搜集，并与当地执法部门联系，进行快速反馈、快速治理。

4. 继续加强种子质量可追溯体系建设

我国为了打击假冒伪劣种子，在加大专项整治力度的同时，农业部还通过应用信息手段，建立种子质量可追溯体系，用于对假冒伪劣种子追本溯源。目前，由农业部种子局建立的全国种子可追溯试点查询平台已经上线试用，另有中国种子质量追溯管理平台，对所有参与种子质量可追溯建设的企业信息进行管理建设。目前，各地也纷纷建立了农作物种子质量追溯系统。企业通过利用条形码技术，对生产的种子进行标记，消费者或质监部门可通过手持设备等方式查验种子的来源，并对违规种子进行追本溯源的查处。同时，为了确保种子品种权，十二届全国人大常委会第十四次会议审议的《中华人民共和国种子法（修订草案）》提出，对种子企业的实验数据进行可追溯制度管理，对于那些高度模仿、造假的企业进行实验资格的查验，并处以严厉处罚。法律实施后，针对当前市场上较为泛滥的“一品多名”、“多品一名”、植物品种权审定与保护脱节的违规现象可实施全面监管。

三、种业企业改革

（一）种业企业“育繁推一体化”改革的经济学分析

在产业链的整个研发、生产和销售过程中，如果企业参与两个及以上的连续阶段，其经营方式就叫做纵向一体化经营，也有人称之为前向、后向一体化或垂直一体化。其中前向一体化也被称为“购买、制造决策”，后向一体化也被称为“卖出、自用决策”。企业纵向一体化的发展模式一直是理论界研究的热点，因为它解释了企业、市场以及一些混合组织方式之间的组员配置（刘洋等，2002）。纵向一体化不同于企业规模的扩增以及多项目经营的范围经济，垂直一体化并非基于生产技术层面的研究，而是基于所有权领域的探讨。

1. 企业纵向一体化发展的动机

第一，垄断。有关产业组织研究的理论认为，企业的纵向一体化发展有助于培养企业的市场势力，形成垄断。一方面，产品创新、生产到销售的整个过程，如果由不同的企业分别完成，消费者购买时会面临着两次加成，产生较高的价格，反而失去市场竞争力。而纵向一体化则将不同阶段之间的价格加成内部化，消费者福利提高，厂商的市场实力也有所提升，因此厂商有动力进行纵向一体化发展。另一方面，纵向一体化企业形成的垄断市场实力能够提高市场准入壁垒，在阻止潜在竞争者进入的同时，还能将其他竞争者挤出市场。

第二，产品生命周期理论认为，企业的纵向一体化发展是随企业所在产业的生命周期而变化的。对于产业不断扩张、处于发展成熟期的产业，企业通过纵向一体化，可扩张规模，而处于衰落期的产业，企业通过纵向一体化实现对落后产能的抛弃，形成产业的新整合。

第三，交易费用理论认为，企业的形成与市场交易成本。科斯最初认为，企业的存在是因为交易成本的存在，企业能够节省交易成本。并且在不完全竞争市场上，在交易成本存在的前提下，企业为了节约交易成本而与其他企业缔结短期契约和长期契约，由于这些企业的不稳定性，最终导致了企业的一体化发展，也就是企业边界的扩张。当管理成本小于交易成本时，企业的边界会扩张，反之则反是。威廉姆森在认可科斯关于交易成本导致企业部分取代市场的观点的同时，还补充认为企业的纵向一体化动因基于对市场失灵的考虑，包括专用型资产投资、契约的不完整性、外部性以及企业组织信息处理的优势等。企业是否进行一体化发展，取决于其资产专用型成本的高低、交易次数和不确定性、有限理性和机会主义。对于资产专用性投资的一方，必须防范机会主义，因而有动机选择一体化发展。

2. 企业纵向一体化与企业盈利能力

根据上文对企业纵向一体化发展的动机分析，并非所有的企业多适合纵向一体化发展。不论是企业出于获得垄断利润的动机，还是出于产业整合的动机，或者是因为出于节省交易成本费用的动机，进行纵向一体化投资的企业应当满足如下几个条件：一是对于那些资产专用性投资强的企业，进行纵向一体化发展有助于其资产专用性投资最大程度地被回收。二是对于那些希望以较大规模生产力获取更高经济回报的企业。三是对于那些需要对市场信息进行直接反馈，不断改进创新产品并降低成本、增加市场占有率以获得市场竞争的企业。

对于实施纵向一体化战略的企业，其盈利能力能够得到进一步的提升。一是企业开展纵向一体化发展，有助于节约交易成本，形成企业成本优势，带来规模经济效应。这种交易成本的节约包括与供应商讨价还价的成本、动态需求管理带来的时间成本等。开展纵向一体化发展能够加速产品的流动性，开展需求的动态管理。通过纵向一体化，企业在进行产品供给需求分配时，可以直接根据需求信息进行快速的供求调整，有助于减少生产过剩或供给不足等情况。另外，开展纵向一体化经营，增加了企业的市场垄断能力和定价能力，在与供应商、客户的讨价还价中更具有优势，从而节约讨价还价带来的交易成本。二是开展纵向一体化能够获得更高的研发投资回报。纵向一体化能够快速地整合下游市场需求，反馈到上游研发中，开发市场需要的产品。由于纵向一体化经营带来的交易成本的节约，以及较高的投资回报，因此，企业通过纵向一体化发展能够获得较高的盈利能力。

（二）种业企业育繁推一体化改革的推广措施

我国种业企业育繁推一体化改革的政府推动性过于强烈，加上企业参与育繁推一体化申请的功利性动机，导致育繁推一体化对种业企业真正的壮大、盈利率的提升等方面并没有预想的好效果，反而花费了较多的财政资金用于育繁推一体化企业的扶持和推进。因此，在未来种业改革过程中，对于育繁推一体化推进种业企业盈利能力提升、规模增大、竞争力增强方面，仍需要多考虑育繁推一体化企业的适合条件，营造良好的育繁推一体化推进环境，有重点、有区分地稳步推进种业企业育繁推一体化改革。

1. 培养种业企业育繁推一体化发展的良好环境

与美国种业企业的发展不同，我国种业的改革发展过程中，政府一直起着主导作用，而因为外部环境的不允许，中国种业企业的规模发展约束较强。一方面，由于知识产权保护制度的不完善，侵犯知识产权的事件泛滥，技术创新的投资无法收回，因而除了政府外，甚少有投资者投资种业研发项目；另一方面，由于品种审定制度的缺陷，审批手续复杂、人情关系来往严重，扰乱了品种审定的公正性，对研发企业而言，这样的环境无法实现育繁推一体化企业的盈利能力提升。因此，在我国新一轮种业改革过程中推广育繁推一体化企业改革，首先需要一个良好的市场发展环境。

第一，建立健全知识产权保护制度。前文已就知识产权制度改革的举措进行了详细说明，这里不再赘述。第二，改革新品种审定制度。《种子法》修订草案提交时，重点修改内容包括三个方面：一是对品种审定制度的改革，二是公共科研机构回归基础公益性科研，三是知识产权保护改革。对品种审定制度的改革是我国未来种业制度改革的突破口之一。品种审定制度在过去的很多年里在规范种业市场秩序、保护种业研发成果等方面做出了较多贡献；但是，由于品种审定制度本身仍然属于行政审批范畴，随着种业市场的发展，出现了腐败、不公正的问题，并且加剧了区域行政割据，不但不能够保护科研者的利益和农民的利益，反而成为很多企业谋取特殊利益的保护伞。因此，《种子法》修订草案以及新一轮种业改革中，对品种审定权改革的呼声越来越高。鉴于当前品种审定制度自身存在的问题，本书建议通过改革审定制度为等级制度，由品种所有权人对其产品负责，配合严格的知识产权保护和执法，能够实现对研发成果的公平对待、赏罚分明。

2. 专业化企业与一体化企业共同发展

根据前文对我国育繁推一体化企业的盈利能力的研究发现，很多育繁推一体化企业近年来的经营面临着亏损，因此，我国目前推进育繁推一体化的做法有些片面。企业进行纵向一体化发展需要满足必要的条件，对于那些不擅长研发和创新的大型企业而言，专业化发展会更适合发挥其市场竞争力。因此，我们在推进育繁推一体化的同时，还应当鼓励专业化发展。

第一，鼓励专业化的种子研发企业。美国种业发展的过程中，专门从事种业研发的专业化企业对于美国种业的发展起到了很大的推动作用。我们鼓励商业化育种的发展，就应该允许专业的育种研发企业进行商业化育种研究，这是培养种业企业技术创新主体地位的重要手段。根据我国相关规定，注册资金 50 万元以上可成立高新技术企业，因此可鼓励中小型生物研发企业开拓种业研发业务，发展种业的市场研发力量。

第二，鼓励综合型销售企业的发展。目前我国大多数的种业企业是生产销售型企业，很多企业已经在全国具有良好的生产销售网络，对于这类企业，进行大量的科研投入以实现育繁推一体化并不一定能够发挥其竞争优势，对于这类种业中下游的综合服务企业，同样应该鼓励在原有的销售优势、生产优势方面深挖，继续扩大规模。

第三，鼓励种业服务企业的发展。随着种业改革深化，种业企业成为技术创新的主体，种业企业技术创新融资、知识产权交易服务等服务性中介行业的需求量会逐渐增加，因此，在支持种业企业一体化建设的同时，还应注重种业服务型企业的发展。

3. 重点加强前向一体化发展

育繁推一体化推进的最初动因源于此次种业改革以“创新”、“企业”为突破口，因此，育繁推一体化最主要的目的是发展种业企业的自主创新能力，解决我国育繁推长期脱节的问题。因此，在加强企业育繁推一体化改革的同时，应该重点关注育繁推一体化企业的前向一体化发展，即育种与生产之间的一体化。目前，我国种业的上游“育种研发”基本由科研机构和教学单位完成，即便是种业企业申请的品种权数量越来越多，但大量的品种权是从科研机构和教学单位处购买而得，并不具有实际的研发能力，大部分企业专注于“繁”和“推”两个环节上。对于目前已经推进育繁推一体化的企业，由于其申请育繁推一体化经营许可证的目的大多数是为了后向市场的运作，因此，对于前向一体化的发展，仍然不够重视，或者能力不够，无法进行育繁推一体化。对于这些适合实施育繁推一体化战略的企业，应当着重推动其前向一体化的发展，通过科企合作、企企合作等多种模式，切实地将一体化企业的科研实力提升上来。

4. 借力电商平台提高产业链中下游运行效率——云农场模式的推广

注重前向一体化发展的同时，对于后向市场的发展同样重要，因为其关系到育种研发投资的回报率。由于当前种业企业盈利能力出现了下滑，一方面面临着产能过剩的困境，另一方面主要农作物的价格却在不断上升（Wind 数据库）。企业利润下降的同时，农户购买种子的成本却越来越高，由此可见，种业从生产到推广再到销售的整个后向市场推广、销售环节多、层层加价，导致市场价格的不断攀升。尽管由于产能过剩种子价格略微下降，但种业推广销售环节的链条结构亟待整合。其中，农资电商平台的出现极大地提高了种业中下游市场的运营效率，不但帮助企业实现了高库存的提速消化，同时还降低了农户购买生产资料的实际价格，实现了企业与农户的双赢。这里以农资电商与农场为例，对种业企业的中下游运转效率提升提出建议。

（1）云农场简介。云农场是依托中国农业部老科协，由中国现代农场联盟、北京天辰云农场共同组建的全国最大的农资交易平台，该交易平台以互联网为基础，为农资厂商提供交易平台，同时拥有数万农场主和客户，农户或农场主可直接从云农场电商交易平台订货，由厂商直接发货。比较传统的依靠经销商进行实体经营，农资产品的价格大幅下降，直接让利农户和农场主，实现了销售环节资源的整合。目前，云农场模式的农资产品电商交流平台得到了越来越多的认可，目前联想出资千亿美元投资云农场，布局农业互联网，京东、阿里巴巴等综合类电商企业也不断地开展农资电商交易平台，为农资产品的推广和销售效率提升提供了极大的促进作用。

（2）云农场电商平台整合中下游销售资源的优势。第一，云农场实施 B2C 模式，企业直接对接农户，价格低于传统市场价格。与一般的电商平台相似，云农场的整个营销模式是 B2C 模式，由农业企业在网站上上架产品，农户直接从云农场网站浏览产品信息、价格信息，可直观地进行价格对比、质量对比，选择适合的产品，价格相比经销商价格最高可降低 30%以上。

第二，云农场通过在各村设立村站进行农资产品代销代购，解决互联网农业“最后一公里”的问题。由于农资产品消费者是农户，而受制于我国农村互联网基础设施发展的不足，以及农户上网技术、电脑操作不熟练等问题，云农场在各地区以村为单位建立村站，帮助农户在云农场电商平台上进行团购，农户只需将购买的农资产品从村站处取走即可，解决了农业互联网“最后一公里”的问题。

第三，云农场促进传统种业销售模式的转型。传统农资销售渠道是“企业—区域经销商—县级经销商—乡镇经销商—农户”的形式，在这种情况下，农资产品经过多层经销商层层加价，价格必然上涨。而云农场的网购形式则采取农民直接把钱打给云农场，村站不再经手资金，不仅从根本上解决了赊欠问题，也彻底改变了传统农资营销模式。

（3）云农场电商平台模式对种业企业后向一体化发展的启示。第一，我国政府应全力推进农资互联网建设。目前很多互联网企业已经开始布局农业互联网的发展，大型综合电商开始投资农业互联网平台，但农资互联网交易平台目前还较为少见，规模发展也还较为有限，所能辐射的区域仍然不够。鉴于云农场成功的发展模式，且我国政府也在积极推广农产品电商，应当以地方政府为引领，以区域为中心建设农资互联网电商平台，为农资市场秩序的管理、价格的回落奠定基础。

第二，种业企业应注重互联网平台进行种业的推广和销售。根据新闻报道，参与云农场的生产资料企业中，大部分实现了销售量的大幅增加。因此，在农资互联网发展的当下，种业企业应注重利用互联网电商平台，利用互联网拓宽产品销售渠道。

第三，大型种业企业可投资发展专业化的互联网交易平台，包括产品推广和销售，也包括种业知识产权的交易、研发合作等。对于育繁推一体化企业中的大型企业，尤其是进行全国销售的种业企业，可利用互联网构建企业的销售平台；同时，以行业协会或公共科研机构为依托，还可建立种业知识产权的互联网展示平台和交易平台，推进知识产权的交易和技术交流。

附录 1

地区/时间	行政保护	经济发展水平	植物新品种保护	司法保护	地区/时间	行政保护	经济发展水平	植物新品种保护	司法保护
上海/2013	0.345	0.751	0.081	0.371	福建/2012	0.305	0.512	0.028	0.170
上海/2012	0.337	0.748	0.048	0.376	福建/2011	0.211	0.566	0.027	0.129
上海/2011	0.186	0.746	0.255	0.389	福建/2010	0.243	0.546	0.017	0.131
上海/2010	0.149	0.741	0.498	0.419	福建/2009	0.276	0.526	0.006	0.133
上海/2009	0.113	0.735	0.741	0.449	重庆/2012	0.044	0.535	0.001	0.171
北京/2013	0.283	0.688	0.754	0.668	重庆/2011	0.041	0.425	0.005	0.088
北京/2012	0.153	0.688	0.872	0.691	重庆/2010	0.040	0.484	0.003	0.087
北京/2011	0.169	0.765	0.727	0.638	重庆/2009	0.039	0.542	0.000	0.087
北京/2010	0.146	0.778	0.742	0.655	四川/2013	0.146	0.297	0.006	0.333
北京/2009	0.124	0.791	0.758	0.671	四川/2012	0.107	0.369	0.008	0.324
广东/2013	0.376	0.558	0.035	0.461	四川/2011	0.197	0.341	0.011	0.142
广东/2012	0.815	0.611	0.018	0.796	四川/2010	0.238	0.353	0.007	0.149
广东/2011	0.691	0.588	0.029	0.955	四川/2009	0.280	0.365	0.003	0.155
广东/2010	0.673	0.613	0.026	0.949	吉林/2012	0.016	0.372	0.011	0.137
广东/2009	0.656	0.638	0.022	0.944	吉林/2011	0.028	0.442	0.029	0.048
浙江/2013	0.376	0.558	0.035	0.461	吉林/2010	0.056	0.430	0.015	0.050
浙江/2012	0.682	0.535	0.033	0.490	吉林/2009	0.084	0.418	0.000	0.053
浙江/2011	0.487	0.541	0.050	0.541	湖北/2012	0.188	0.427	0.004	0.220
浙江/2010	0.438	0.572	0.072	0.573	湖北/2011	0.206	0.393	0.007	0.097
浙江/2009	0.389	0.602	0.093	0.604	湖北/2010	0.212	0.344	0.004	0.102
江苏/2013	0.374	0.560	0.047	0.620	湖北/2009	0.217	0.295	0.001	0.106

续表

地区/时间	行政保护	经济发展水平	植物新品种保护	司法保护	地区/时间	行政保护	经济发展水平	植物新品种保护	司法保护
江苏/2012	0.256	0.586	0.053	0.627	湖南/2012	0.251	0.412	0.003	0.174
江苏/2011	0.226	0.518	0.063	0.643	湖南/2011	0.273	0.459	0.007	0.078
江苏/2010	0.219	0.550	0.051	0.646	湖南/2010	0.272	0.403	0.003	0.080
江苏/2009	0.212	0.581	0.040	0.650	湖南/2009	0.271	0.346	0.000	0.082
天津/2012	0.087	0.740	0.018	0.117	河南/2012	0.155	0.330	0.005	0.332
天津/2011	0.032	0.680	0.031	0.643	河南/2011	0.296	0.382	0.007	0.097
天津/2010	0.025	0.650	0.345	0.646	河南/2010	0.310	0.328	0.003	0.103
天津/2009	0.019	0.619	0.659	0.650	河南/2009	0.324	0.273	0.000	0.110
山东/2012	0.363	0.514	0.014	0.522	陕西/2013	0.091	0.395	0.002	0.147
山东/2011	0.491	0.458	0.021	0.067	陕西/2012	0.048	0.424	0.003	0.117
山东/2010	0.507	0.427	0.011	0.082	陕西/2011	0.034	0.349	0.003	0.085
山东/2009	0.523	0.395	0.000	0.096	陕西/2010	0.102	0.310	0.002	0.075
河北/2013	0.129	0.317	0.008	0.194	陕西/2009	0.170	0.270	0.001	0.065
河北/2012	0.041	0.347	0.004	0.238	甘肃/2011	0.029	0.193	0.007	0.015
河北/2011	0.183	0.388	0.006	0.068	甘肃/2010	0.044	0.181	0.004	0.015
河北/2010	0.210	0.350	0.003	0.069	甘肃/2009	0.059	0.169	0.000	0.015
河北/2009	0.237	0.312	0.000	0.070	辽宁/2013	0.088	0.410	0.006	0.339
黑龙江/2012	0.063	0.291	0.021	0.205	辽宁/2012	0.151	0.451	0.011	0.331
黑龙江/2011	0.102	0.359	0.026	0.046	辽宁/2011	0.075	0.429	0.022	0.130
黑龙江/2010	0.074	0.298	0.013	0.052	辽宁/2010	0.172	0.396	0.013	0.134
黑龙江/2009	0.047	0.236	0.000	0.058	辽宁/2009	0.269	0.363	0.004	0.139
江西/2012	0.072	0.370	0.001	0.105	安徽/2012	0.176	0.428	0.008	0.205
江西/2011	0.177	0.382	0.002	0.026	安徽/2011	0.127	0.357	0.003	0.097
江西/2010	0.150	0.333	0.001	0.027	安徽/2010	0.118	0.351	0.002	0.066
江西/2009	0.123	0.284	0.000	0.027	安徽/2009	0.109	0.344	0.000	0.035
山西/2012	0.054	0.434	0.000	0.190	海南/2012	0.041	0.244	0.001	0.033
山西/2011	0.154	0.419	0.003	0.031	海南/2011	0.086	0.193	0.004	0.005
山西/2010	0.183	0.355	0.001	0.034	海南/2010	0.063	0.181	0.002	0.005
山西/2009	0.212	0.290	0.000	0.037	海南/2009	0.039	0.169	0.000	0.005
云南/2012	0.050	0.281	0.004	0.144	贵州/2012	0.185	0.330	0.001	0.081
云南/2011	0.067	0.290	0.007	0.038	贵州/2011	0.173	0.205	0.001	0.025
云南/2010	0.098	0.268	0.004	0.035	贵州/2010	0.115	0.220	0.001	0.024
云南/2009	0.129	0.245	0.000	0.033	贵州/2009	0.057	0.234	0.000	0.022

续表

地区/时间	行政保护	经济发展水平	植物新品种保护	司法保护	地区/时间	行政保护	经济发展水平	植物新品种保护	司法保护
内蒙古/2012	0.034	0.420	0.002	0.118	新疆/2012	0.131	0.276	0.004	0.096
内蒙古/2011	0.079	0.427	0.007	0.018	新疆/2011	0.149	0.201	0.002	0.031
内蒙古/2010	0.086	0.358	0.003	0.021	新疆/2010	0.161	0.194	0.001	0.030
内蒙古/2009	0.093	0.289	0.000	0.024	新疆/2009	0.172	0.186	0.000	0.028
广西/2012	0.026	0.382	0.001	0.112	宁夏/2012	0.018	0.345	0.004	0.018
广西/2011	0.024	0.431	0.001	0.025	宁夏/2011	0.029	0.290	0.002	0.008
广西/2010	0.075	0.363	0.000	0.027	宁夏/2010	0.029	0.288	0.001	0.008
广西/2009	0.126	0.295	0.000	0.029	宁夏/2009	0.029	0.286	0.000	0.008
甘肃/2012	0.042	0.244	0.001	0.082	青海/2013	0.050	0.214	0.001	0.013
青海/2012	0.025	0.301	0.002	0.015	青海/2010	0.044	0.188	0.000	0.004
青海/2011	0.051	0.192	0.001	0.004	青海/2009	0.037	0.183	0.000	0.004

附录 2

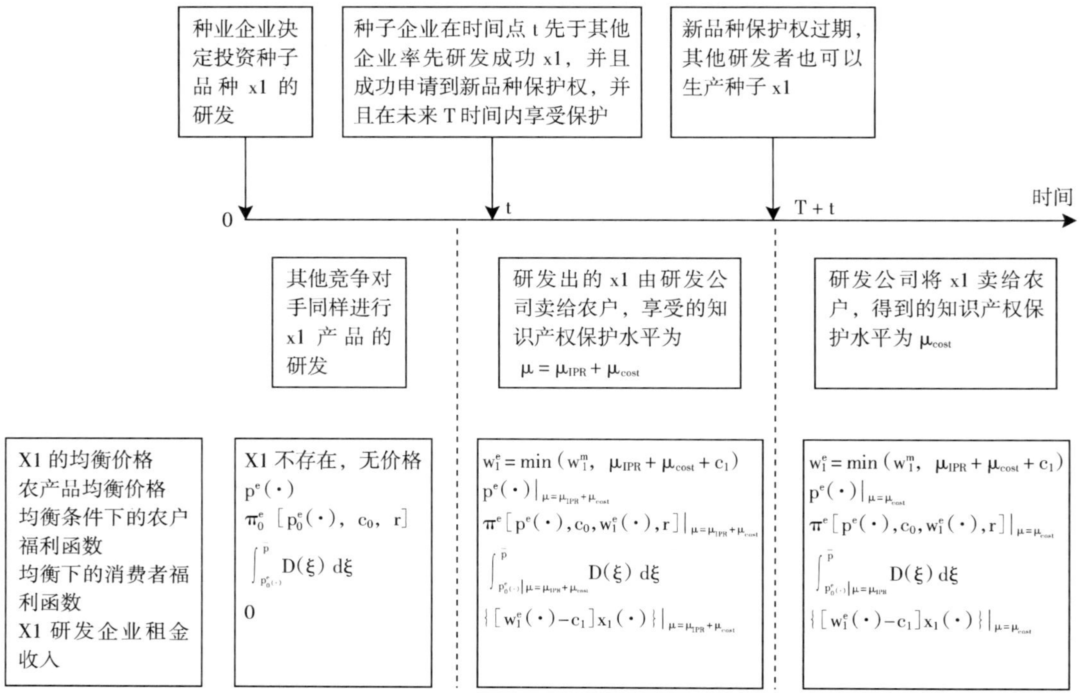

种业企业决定投资种子品种 x1 的研发
种子企业在时间点 t 先于其他企业率先研发成功 x1，并且成功申请到新品种保护权，并且在未来 T 时间内享受保护
新品种保护权过期，其他研发者也可以生产种子 x1
0
t
T + t
时间
其他竞争对手同样进行 x1 产品的研发
研发出的 x1 由研发公司卖给农户，享受的知识产权保护水平为 $\mu = \mu_{IPR} + \mu_{cost}$
研发公司将 x1 卖给农户，得到的知识产权保护水平为 μ_{cost}
X1 的均衡价格
农产品均衡价格
均衡条件下的农户福利函数
均衡下的消费者福利函数
X1 研发企业租金收入
X1 不存在，无价格
$p^e(\cdot)$
$\pi_0^e\,[p_0^e(\cdot),\ c_0,\ r]$
$\int_{p_0^e(\cdot)}^{\bar{p}} D(\xi)\,d\xi$
0
$w_1^e = \min(w_1^m,\ \mu_{IPR} + \mu_{cost} + c_1)$
$p^e(\cdot)|_{\mu=\mu_{IPR}+\mu_{cost}}$
$\pi^e[p^e(\cdot), c_0, w_1^e(\cdot), r]|_{\mu=\mu_{IPR}+\mu_{cost}}$
$\int_{p_0^e(\cdot)|_{\mu=\mu_{IPR}+\mu_{cost}}}^{\bar{p}} D(\xi)\,d\xi$
$\{[w_1^e(\cdot)-c_1]x_1(\cdot)\}|_{\mu=\mu_{IPR}+\mu_{cost}}$
$w_1^e = \min(w_1^m,\ \mu_{IPR} + \mu_{cost} + c_1)$
$p^e(\cdot)|_{\mu=\mu_{cost}}$
$\pi^e[p^e(\cdot), c_0, w_1^e(\cdot), r]|_{\mu=\mu_{cost}}$
$\int_{p_0^e(\cdot)|_{\mu=\mu_{IPR}}}^{\bar{p}} D(\xi)\,d\xi$
$\{[w_1^e(\cdot)-c_1]x_1(\cdot)\}|_{\mu=\mu_{cost}}$

参考文献

[1] Aghion P., Howitt P. A Model of Growth through Creative Destruction [J]. National Bureau of Economic Research, 1990 (1): 7-14.

[2] Alan L. Olmstead, Paul W. Rhode. Hog Round Marketing, Seed Quality, and Government Policy: Institutional Change in U.S. Cotton Production, 1920-1960 [N]. NBER Working Paper Series 9612, April 2003.

[3] Bernstein, Jeffrey I., and M. Ishaq Nadiri. Interindustry R&D Spillovers, Rates of Return, and Production in High-tech Industries [R] .1988.

[4] Blessings Chinsinga. Seeds and Subsidies: The Political Economy of Input Programmes in Malawi. Future Agriculture [N]. Working Paper, 2010.

[5] Carl E. Pray, Bharat Ramaswami and Timothy Kelley. The Impact of Economic Reforms on R&D by the Indian Seed industry [J]. Food Policy, 2001 (26): 587-598.

[6] Carl E. Pray, Bharat Ramaswami. Liberalization's Impact on the Indian Seed Industry: Competition, Research, and Impact on Farmers [J]. International Food and Agribusiness Management Review, 2001, 2 (3/4): 407-420.

[7] Caswell M. F., Zilberman D. The Effects of Well Depth and Land Quality on the Choice of Irrigation Technology [J]. American Journal of Agri-

cultural Economics，1986，68（4）：798-811.

[8] David E. Schimmelpfennig，Carl E. Pray，Margaret F. Brennan. The Impact of Seed Industry Concentration on Innovation：A Study of US Biotech Market Leaders [J]. Agricultural Economics，2004（30）：157-167.

[9] David J. Spielman，Deepthi E. Kolady，Anthony Cavalieri，N. Chandrasekhara Rao. The Seed and Agricultural Biotechnology Industries in India：An Analysis of Industry Structure，Competition，and Policy Options [J]. Food Policy，2014（45）：88-100.

[10] Debra L. Blair. Intellectual Property Protection and Its Impact on the U.S. Seed Industry[J]. Drake Journal of Agricultural Law 4 Drake J. Agric L.，1999（297）：7-14.

[11] Deepthi Elizabeth Kolady，David J. Spielman，Anthony Cavalieri. The Impact of Seed Policy Reformsand Intellectual Property Rights on Crop Productivity in India [J]. Journal of Agricultural Economics，2012，63（2）：361-384.

[12] Feder G.，Just R. E.，Zilberman D. Adoption of Agricultural Innovations in Developing Countries：A Survey [J]. Economic Development and Cultural Change，1985（7）：255-298.

[13] Fernandez-Cornejo，J.，Schimmelpfennig，D. Have Seed Industry Changes Affected Research Effort [J]. Amber Waves，2004（2）：4-9.

[14] Freeman C.，Soete L.（Eds.）. The Economics of Industrial Innovation [M]. Psychology Press，1997.

[15] Fuglie K.O. Trends in Agricultural Research Expenditures in the United States. In：Fuglie，K.O.，Schimmelpfennig，D.E.（Eds.），Public-Private Collabouration in Agricultural Research：New Institutional Arrangements and Economic Implications [M]. Iowa State University Press，Ames，

IA, 2000.

[16] GianCarlo Moschini.Competition Issues in the Seed Industry and the Role of Intellectual Property [J]. Iowa State University Department of Economics Ames [N]. Working Paper No.10015, 2010.

[17] Goodman D., Sorj B., Wilkinson J. From Farming to Biotechnology: A Theory of Agro-Industrial Development [M]. Basil Blackwell: New York, NY, USA, 1987.

[18] Huffman W. E., Evenson R. E. Contributions of Public and Private Science and Technology to US Agricultural Productivity [J]. American Journal of Agricultural Economics, 1992, 74 (3): 751-756.

[19] Huffman W.E., Evenson R. E. Contributions of Public and Private Science and Technology to US Agricultural Productivity [J]. Am. J. Agric. Econ, 1992 (74): 751-756.

[20] James C. Executive Summary of Global Status of Commercialized Biotech/GM Crops: 2008, International Service for the Acquisition of Agri-Biotech Applications [N]. Briefs No. 39-2008, Ithaca, N.Y., 2008.

[21] Jorge Fernandez-Cornejo, David Schimmelpfennig. Have Seed Industry Changes Affected Research Effort [J]. Economic Research Service USDA, 2004 (2): 15-21.

[22] Jorgenson D.W., Gollop F.M. Productivity Growth in USagriculture: A Postwar Perspective [J]. Am. J. Agric. Econ. 1992 (74): 746-750.

[23] Kautsky K. The Agrarian Question [J]. Zwan: Winchester, MA, USA, 1988 (1): 1-2.

[24] Krull D. F., J. M. Prescott and C.W. Chum. Seed Marketing and Distribution. In Maize Seed Industries in Developing Countries [M]. Boulder, Colo.: CIMMYT, 1998.

[25] Kyle W. Stiegert, Guanming Shi and Jean Paul Chavas. Innovation, Integration, and the Biotechnology Revolution in U.S. Seed Markets [J]. Choices, 2010, 25 (2): 7-14.

[26] Magnier A., Kalaitzandonakes N., Miller D. J. Product Life Cycles and Innovation in the US Seed Corn Industry [J]. International Food and Agribusiness Management Review, 2010, 13 (3): 17-36.

[27] Mann S. A., Dickinson J. M. Obstacles to the Development of A Capitalist Agriculture [J]. Journal of Peasant Study, 1978 (5): 466-481.

[28] Mansfield E., Schwartz M., Wagner S. Imitation Costs and Patents: An Empirical Study [J]. The Economic Journal, 1981 (1): 907-918.

[29] Marvin Hayenga, Nicholas Kalaitzandonakes. Structure and Coordination System Changes in the U.S. Biotech Seed and Value-added Grain Market.IAMA 1999 World Food and Agribusiness Congress [R]. 1999.

[30] Moschini G., H. Lapan. Intellectual Property Rights and the Welfare Effects of Agricultural R&D [J]. American Journal of Agricultural Economics, 1997 (79): 1229-1242.

[31] Nelson R. R., Winter S. G. Neoclassical vs. Evolutionary Theories of Economic Growth: Critique and Prospectus[J]. The Economic Journal, 1974 (1): 886-905.

[32] Ozertan G., A. Love C.R. Taylor, D.M. Burton [J]. Economic Impact of Genetic Safeguardson Plant Agriculture, 2001 (9): 10-13.

[33] Paolo Palladino. Science, Technology, and the Economy: Plant Breeding in Great Britain, 1920-1970 [J]. The Economic History Review, New Series, 1996, 49 (1): 116-136.

[34] Philip H. Howard. Visualizing Consolidation in the Global Seed Industry: 1996-2008 [J]. Sustainability, 2009 (1): 1266-1287.

[35] Prince Maxwell Etwire, Ibrahim D. K. Atokple, Samuel S. J. Buah, Alhassan L. Abdulai, Afia S. Karikari and Peter Asungre. Analysis of the Seed System [J]. Ghana. International Journal of Advance Agricultural Re-search, 2013: 7-13.

[36] Robert Tripp and Akwasi Mensah-Bonsu. Ghana's Commercial Seed Sector: New Incentives or Continued Complacency [R]. International Food Policy Research Institute Working Paper, 2013.

[37] Robinson W. T., Fornell C. Sources of Market Pioneer Advantages in Consumer Goods Industries [J]. Journal of Marketing Research, 1985 (1): 305-317.

[38] Roumasset J. A. Rice and Risk. Decision Making among Low-income Farmers [M]. North Holland Publ. Comp, 1976.

[39] Samuel Burer, Philip C. Jones, Timothy J. Lowe. Coordinating the Supply Chain in the Agricultural Seed Industry[J]. European Journal of Operational Research, 2008 (185): 354-377.

[40] Schimmelpfennig D. E., Pray C. E., Brennan M. F. The Impact of Seed Industry Concentration on Innovation: A Study of US Biotech Market Leaders [J]. Agricultural Economics, 2004, 30 (2): 157-167.

[41] Sergio H. Lence, Dermot J. Hayes, Alan McCunn, Stephen Smith, William S. Niebur. Welfare Impacts of Intellectual Property Protection in the Seed Industry [J]. Amer. J. Agr. Econ. 2005, 87 (4): 951-968.

[42] Shankar V., Carpenter G. S., Krishnamurthi L. Late Mover Advantage: How Innovative Late Entrants Outsell Pioneers [J]. Journal of Marketing Research, 1998 (1): 54-70.

[43] Shi G. Bundling and Licensing of Genes in Agricultural Biotechnology[J]. American Journal of Agricultural Economics, 2009, 91 (1): 264-274.

[44] Silverberg G., Dosi G., Orsenigo L. Innovation, Diversity and Diffusion: A Self-organisation Model [J]. The Economic Journal, 1988(1): 1032-1054.

[45] Vandana Shiva and Tom Crompton. Monopoly and Monoculture: Trends in Indian Seed Industry [J]. Economic and Political Weekly, 1998, 33 (39): 7-14.

[46] William Neuman. Rapid Rise in Seed Prices Draws U.S. Scrutiny [N]. New York Times, 3/12/2010.

[47] Zvi Griliches.Research Costs and Social Returns: Hybrid Corn and Related Innovations [J]. Journal of Political Economy, 1958, 66 (5): 419-431.

[48] 安同良，周绍东，皮建才. R&D 补贴对中国企业自主创新的激励效应 [J]. 经济研究，2009 (10).

[49] 陈超，展进涛，周宁. 植物新品种保护制度对中国种业的经济影响 [J]. 江西农业学报，2007 (19).

[50] 陈龙江，熊启泉. 中国种业开放十余年：回顾与反思 [J]. 华南农业大学学报 (社会科学版)，2012 (11).

[51] 成广雷. 国内外种子科学与产业发展比较研究 [D]. 山东农业大学博士学位论文，2009.

[52] 仇焕广，徐志刚，蔡亚庆. 中国种业市场、政策与国际比较研究 [M]. 北京：科学出版社，2013.

[53] 崔远淼. 基于企业边界视角的技术创新模式选择研究 [M]. 重庆：西南财经大学出版社，2009.

[54] 戴园园，梅强. 我国高新技术企业技术创新模式选择研究——基于演化博弈的视角 [J]. 科研管理，2013 (34).

[55] 郭春野，庄子银. 知识产权保护与"南方"国家的自主创新激

励［J］. 经济研究，2012（9）.

［56］胡瑞法，黄季焜，项诚. 中国种子产业的发展、存在问题和政策建议［J］. 中国科技论坛，2010（12）.

［57］黄钢. 农业企业科技价值链创新管理研究［D］. 天津大学博士学位论文，2006.

［58］黄季焜，徐志刚，胡瑞法，张世煌. 我国种子产业：成就、问题和发展思路［J］. 农业经济与管理，2010（3）.

［59］黄毅，张学文. 种业上市公司经营绩效与非主营业务的关系［J］. 经济地理，2012（32）.

［60］黄毅. 中国粮食种业分销效率研究［D］. 中南大学博士学位论文，2010.

［61］靖飞. 产业链角度下江苏省水稻种子产业发展研究［D］. 南京农业大学博士学位论文，2007.

［62］雷仲敏. 技术经济分析评价［M］. 北京：中国标准出版社，2013.

［63］李春宏. 中国玉米种子市场分析［D］. 中国农业大学硕士学位论文，2004.

［64］李伟，余翔. 中国知识产权保护强度及其评价——以加入TRIPs协议为中心［J］. 科研管理，2014（7）.

［65］林祥明. 植物新品种保护对我国种业发展的影响研究［D］. 中国农业科学院博士学位论文，2006.

［66］刘坚. 努力增强我国种子产业竞争力［J］. 中国种业，2002（2）.

［67］陆玉梅，田野. 基于演化博弈的企业自主创新与模仿创新模式选择研究［J］. 科技管理研究，2008（28）.

［68］吕明合. 中国种业："不以盗窃为耻"80%市场被外企瓜分，九成种企无科研能力［EB/OL］. http：//www.infzm.com/content/102361.

［69］马述忠，聂晶. 全球种业交易与服务模式研究［J］. 农业部管理干部学院学报，2012（9）.

［70］彭纪生，刘春林. 自主创新与模仿创新的博弈分析［J］. 科学管理研究，2004（21）.

［71］彭玮. 湖北省农作物种业发展路径研究［D］. 华中农业大学博士学位论文，2012.

［72］邱军. 加快推进种子产业化，做大做强我国种业［J］. 中国种业，2010（10）.

［73］邵长勇. 中国种子出口贸易研究——基于需求变动的实证分析［D］. 中国海洋大学博士学位论文，2010.

［74］沈军. 关于提升我国种业企业竞争力的几点认识［J］. 农业经济，2011（5）.

［75］宋河发，穆荣平. 知识产权保护强度与我国自主创新能力建设研究［J］. 科学学与科学技术管理，2006（27）.

［76］谭祖卫. 我国种业体系市场化水平测度方法构建及实证研究［D］. 中国农业大学博士学位论文，2005.

［77］佟屏亚. 简述 1949 年以来中国种子产业发展历程［J］. 古今农业，2009（1）.

［78］万君康. 创新经济学［M］. 北京：知识产权出版社，2013（9）.

［79］王丘. 种业供应链运营研究［D］. 东华大学博士学位论文，2012.

［80］王卫中. 中国种业整合研究［D］. 中国农业科学院博士学位论文，2005.

［81］王洋. 企业边界理论的研究——基于克斯思想的演变与发展［M］. 北京：经济科学出版社，2009.

［82］文豪，陈中峰. 知识产权保护、行业异质性与技术创新［J］. 工业技术经济，2014（33）.

[83] 文豪，张敬霞，陈中峰. 中国的知识产权保护与技术创新——基于行业特征的实证分析 [J]. 宏观经济研究，2014 (11).

[84] 吴延兵，米增渝. 创新、模仿与企业效率 [J]. 中国社会科学，2011 (4).

[85] 谢鑫. 未来若干年中国种业面临的挑战及其发展路径选择 [J]. 中国科技论坛，2012 (12).

[86] 熊芙蓉. 跨国公司对我国玉米种业安全的影响研究 [J]. 学术论坛，2013 (3).

[87] 徐青松. 我国玉米种子产业发展的现状及展望 [J]. 中国种业，2009 (3).

[88] 许春明，单晓光. 中国知识产权保护强度指标体系的构建及验证 [J]. 科学学研究，2008 (26).

[89] 闫海强，陈沛然. 管理学 [M]. 北京：中国石化出版社，2014.

[90] 杨虎. 20 世纪中国玉米种业发展研究 [D]. 南京农业大学博士学位论文，2011.

[91] 杨天荣. 基于博弈外资种业的国内种业发展研究 [J]. 安徽农业科学，2011 (39).

[92] 易余胤，盛昭瀚，肖条军. 企业自主创新，模仿创新行为与市场结构的演化研究 [J]. 管理工程学报，2005 (19).

[93] 余长林，王瑞芳. 发展中国家的知识产权保护与技术创新：只是线性关系吗？[J]. 当代经济科学，2009 (3).

[94] 袁健红，孙建祥. 企业创新能力研究——基于江苏省工业企业创新调查结果分析 [M]. 北京：中国科学出版社，2013.

[95] 岳德荣. 对我国玉米产业发展的几点认识 [J]. 玉米科学，2002 (10).

[96] 詹琳. 中国现代种业市场结构优化研究 [D]. 中国社会科学院

研究生院博士学位论文，2013.

[97] 张世煌，胡瑞法. 加入 WTO 以后的玉米种业技术进步和制度创新 [J]. 杂粮作物，2004 (1).

[98] 张永强. 中国蔬菜种子产业发展研究 [D]. 东北农业大学博士学位论文，2009.

[99] 中国电子信息产业发展研究院. 中国产业结构调整蓝皮书 2012 [M]. 北京：中央文献出版社，2012 (12).

[100] 中国农业信息杂志. 中国总资产也进入快速发展阶段 [J]. 中国农业信息，2010 (3).

[101] 朱洲. 体制转轨、经济自由滑与中国种子产业发展 [J]. 农业经济问题，2005 (4).

[102] 朱洲. 中国种子产业发展研究 [D]. 华中农业大学博士学位论文，2005.

[103] 朱洲. 种子产业化：趋势、困境与政策安排 [J]. 农业技术经济，2005 (2).

[104] 庄子银. 知识产权，市场结构，模仿和创新 [J]. 经济研究，2009 (11).